智元微库
OPEN MIND

成长也是一种美好

奇迹般的语言

—— 15句话带来人生转机 ——

[日]
大田嘉仁
—著—

曹寓刚
—译—

稻盛和夫

明日からすぐ役立つ
15の言葉

人民邮电出版社
北京

图书在版编目（CIP）数据

奇迹般的语言 ：15句话带来人生转机 /（日）大田嘉仁著 ；曹寓刚译. -- 北京 ：人民邮电出版社，2024.4
ISBN 978-7-115-63690-4

Ⅰ. ①奇… Ⅱ. ①大… ②曹… Ⅲ. ①稻盛和夫(Kazuo, Inamori 1932-2022)－人生哲学 Ⅳ. ①K833.135.38②B821

中国国家版本馆CIP数据核字(2024)第001950号

版权声明

◆ 著 ［日］大田嘉仁
译 曹寓刚
责任编辑 王铎霖
责任印制 周昇亮

◆ 人民邮电出版社出版发行 北京市丰台区成寿寺路 11 号
邮编 100164 电子邮件 315@ptpress.com.cn
网址 https://www.ptpress.com.cn
涿州市京南印刷厂印刷

◆ 开本：880 × 1230 1/32
印张：7 2024 年 4 月第 1 版
字数：105 千字 2025 年 6 月河北第 2 次印刷

著作权合同登记号 图字：01-2023-5487 号

定价：59.80 元

读者服务热线：（010）67630125 印装质量热线：（010）81055316
反盗版热线：（010）81055315

稲盛和夫

明日からすぐ役立つ
15の言葉

磨 炼 人 格

把 工 作 做 得 更 好

做 出 正 确 判 断

达 成 高 目 标

提 升 创 造 性

奇迹般的语言

15句话带来人生转机

稲盛和夫

明日からすぐ役立つ
15の言葉

序言

稻盛和夫的语言中，蕴含着“点燃你的力量”

稻盛和夫的“亲信中的亲信”。

从大约 10 年前起，周围的人就开始这么称呼我。

“亲信中的亲信”——被这么称呼，我觉得多少还是有一些理由的。在稻盛先生还是京瓷会长[①]的时候，我就作为秘书室长，一直追随着他，长达 20 年。此后，稻盛先生成为名誉会长，京瓷进一步成长发展，在这个过程中，我也始终在稻盛先生身边工作。

2010 年，日本航空（JAL，现日本航空株式会社，以下简称“日航”）破产。稻盛先生在政府的强烈请求下，就任日航会长。为了重建日航，稻盛先生宣布，将会从京瓷带领两名部下前往日航，而其中一人，碰巧正是我本人。

当时，稻盛先生这样介绍我：“为了重建日航，我把我最信任的大田君作为副手带来了。”对于这样的厚爱之言，我一方面非常感谢，另

① 即董事长。——译者注

一方面，在心中感受到了从未有过的重压，这也是事实。

我记得，正好也是从那一时期起，我开始被称为稻盛先生“亲信中的亲信”。我作为会长助理，辅佐稻盛先生重建日航。日航的重建完全是“从破产中重生”，这与从零开始创业、一路成长发展的京瓷是完全不同的路径，工作内容也完全不同。

成为稻盛先生的秘书后，在大约 30 年的时间里，我在各种各样的环境和场合里，近距离地耳闻目睹稻盛先生的言行举止。毋庸讳言，我早已意识到这是非常宝贵的体验。在此期间，我不断努力，希望尽可能多地吸收稻盛先生的人生观、工作观。

从我担任秘书工作的时候开始，但凡有机会聆听稻盛先生的教诲，我总是尽可能将其一字不漏地记录在笔记本上。不仅仅是记录下来，还要反复阅读，努力理解稻盛先生的人生观、工作观，并在自己的人生中加以活用。不知不觉中，记录所用的笔记本就超过了 50 册。

事实上，本书正是诞生于这些笔记本所记录的庞大资料。与其他人相比，我与稻盛先生接触的时间最长，距离最近，所以我被稻盛先生批评、告诫的次数也更多。本书也收录了很多稻盛先生对我直接指导的内容。

现在想起来，正是因为从稻盛先生那里接受了很多教诲之言，我作为个人、作为企业人，才能有所成长。稻盛先生的语言中蕴含着力量。基于自己的切身体验，我对此深信不疑。同时，稻盛先生的语言之所以蕴含着力量，是有明确理由的。

稻盛和夫先生的话语
为什么会有“功效”和“实际成果”

“即便如此，也要敬奉天理，关爱世人。”[①]

这是稻盛先生的口头禅之一。

通俗易懂地解释这句话，意思就是“即便遭遇挫折和辛劳，也不能消沉、放弃，而是要以‘作为人，何谓正确’做出判断，决不怨恨他人，以关爱之心去行动，人生就必定能好转”。

---

① 即“敬天爱人”，是京瓷公司的社训，也是稻盛先生的人生信条。——编者注

但是，不理解、不认同这句话的人恐怕也不少。

“敬奉天理，关爱世人——只凭这个，人生真的就会好转吗？”“以‘作为人，何谓正确’做出判断，以关爱之心去行动，这不是理所当然的吗？”对于稻盛先生的人生观、工作观没有充分理解的人，会抱有这样的疑问，从某种意义上来说，这也情有可原。

然而，就像本书正文将要说明的那样，稻盛先生的一句句话语中，自有其深刻的含义，蕴含着巨大的力量，这是事实。

最能证实、体现这种力量的，就是稻盛和夫先生本人。

“即便如此，也要敬奉天理，关爱世人。”

正是因为有了这句话，才有了京瓷的成长和发展，才有了日航“从破产中重生”的成功故事。我认为即使这么说也不过分。

稻盛先生是一个在年轻时代经历过很多挫折的人。

首先是在孩童时代，他感染了当时被称为“死病”的、人人畏惧的肺结核。虽然保住了性命，但因为染病，即使成绩优秀，也未能考上理想的中学。

此后，稻盛先生在人生的各个重要关头都不断地遭遇失败。高考时没有考上理想的大学，但他振作起来，上了当地的地方大学。他学习非常刻苦，取得了优异的成绩，但应聘却几乎全部失败；虽然在大学教授的介绍下，进了一家京都的小型制造业企业，但那家企业却是几乎马上就要倒闭的亏损企业。据说从第一个月开始，工资就无法按时发放。稻盛先生说，在踏上社会之初，他就置身于这样的环境中，不由得产生了悲观的想法，常常哀叹自己命运不济。

但是，尽管遭遇了人生中的种种坎坷，稻盛先生也没有消沉放弃。

“即便如此，也要敬奉天理，关爱世人。”稻盛先生应该曾多次用这句话自我激励，同时，用“作为人，何谓正确”这一基准判断事物，展开行动。

实际上，此后，稻盛先生的人生逐渐好转。在拼命努力工作的过程中，出现了很多支持者，由此他创办了京瓷。我相信，在那以后，稻盛先生仍然坚持实践“即便如此，也要敬奉天理，关爱世人”这句话，这才有了京瓷后来的成长、发展，才使得日航“从破产中重生”成为可能。

我认为，正是因为克服了重重困难，稻盛先生的语言中才蕴含了“力量”。从某种意义上说，稻盛先生是一个让自己的人生从“负面”转变为“正面”的人。同时，这种转变始终伴随着本书所介绍的那些“金句”。

人生和工作中，
存在着“引发奇迹的语言”

“人类的语言中，存在着蕴含巨大力量的‘言灵’[①]。”

稻盛先生一直都是这么强调的。

“负面的语言只会产生负面的结果。”

“不能使用否定性的语言。”

“在我的字典里，没有否定性的语言。”

关于“语言”，稻盛先生经常会这样阐述。

对于“语言”，稻盛先生恐怕就是如此有信心地给予关注。我觉得，正是因为他深刻理解“语言的力量”，才能够最大限度地发挥这种力量。

① 意为语言的灵魂。——译者注

在京瓷和日航，稻盛先生的语言，曾经产生奇迹般的作用。对于在现场辛苦工作的员工，稻盛先生首先就用充满“力量”的语言鼓励他们。

由此，员工中产生了意识变革的动向，他们的行动发生了变化，困难的局面开始好转。

在过往的 30 年里，我曾多次目睹这种“奇迹般的场面”。将引发这种奇迹的“语言”和“场景”汇编成册，就是本书。我希望将稻盛先生的这种“语言的力量”传递给活跃在这个时代的人们。

出于这样的考虑，我执笔了本书。

我在笔记本上记录的稻盛先生的语言，是先生在各种工作现场所讲述的，然而，时至今日，再次捧读，却能感受到其中蕴含着超越时代和行业的普遍性的意义。我觉得，不管在哪个时代，不管对哪个行业，不管对哪个人，稻盛先生的语言都成效卓著，蕴含着激发所有人的力量。

恐怕正是因为克服了重重困难，才产生了这样的语言。正因如此，稻盛先生的语言中蕴含着力量，产生了实际的成果。

将稻盛先生的人生观
运用到工作中的“活的教科书”

本书选用了稻盛先生的 15 句话，分别作为 15 个大项的标题。

这些话是稻盛先生在各个工作现场，面对不同的员工时，为了让大家的工作和人生尽可能越来越好而讲的话。

所以，这 15 个大项，可以分别作为 15 个“炽热的故事”来阅读。我一边写作这 15 个故事，一边回想稻盛先生在各个工作现场与员工之间、与我之间的对话，再次认识到这些都是对人生和工作有益的教诲。

我希望，广大读者可以通过阅读本书，“体验”与稻盛先生的对话。年富力强的员工们，在被稻盛先生训斥、教导的过程中，工作和人生不断好转。本书介绍了多个具体的案例。我认为，一边阅读各个“炽热的故事”，一边就能理解稻盛先生的人生观和工作观。

除了我选择的 15 个大项的题目，本书还介绍了很多稻盛先生的其他“金句”。但我在选择时设置了自己的基准。

“对于那些工作在一线的年富力强的人，能够立刻起到作用的话”——这就是我的基准。

因为我有一个愿望：“希望在这个时代，从一线开始，振奋大家的精神”。

这就是我出版本书的最大理由。

稻盛先生著作等身。为什么被称为“亲信中的亲信”的我，现在要出版这样的一本书？可能有人会不太理解。

稻盛先生的著作和我的书有一个区别。

稻盛先生的著作，更多是关于企业经营的内容。但我的这本书，面向的是那些“年富力强、工作在一线的人”。稻盛先生是企业经营者，因此我的笔记本上当然记录了很多关于企业经营的讲话内容，但在本书中，我特地忍痛割爱了。

对于现在年富力强、工作在一线的人来说，如何在日常工作中活用稻盛先生的人生观、工作观？关于这个内容，我在本书中尽可能仔细地做了通俗易懂的记录。从这个意义上说，或许可以将本书看作关于稻盛先生的“活的教科书”“活的入门书”。

在本书中，我使用的是“稻盛和夫先生”或“稻盛先生”这种不带头衔的称呼。由于用了“先生”这个一般性的敬语，可能有的读者会感觉不习惯。

为什么使用这样的敬语呢？我有自己的理由。离开京瓷以后，我就不打算再以“公司的部下”，而是作为“人生的弟子”这一角色与稻盛先生交往。所以，我不再使用带有头衔的称呼，而是用“稻盛和夫先生”这个敬称，来表达我的敬爱、亲近之心。本书也遵循这一思路。

为了自己的人生和工作，我将稻盛先生的语言记录在了笔记本上。我觉得，把我的笔记以本书的形式还原给社会，让更多的人了解稻盛先生正确的人生观、工作观，是一件意义非常深远的事情。在本书中，我也介绍了很多自己失败的案例，看起来似乎是将自己的失败公之于世，但如果能对那些努力工作的人有所帮助，我就会深感荣幸。

同时，我也相信，这种做法正是对恩师稻盛和夫先生的报答。我衷心祈愿，对于生活在这个时代努力工作的人们，本书能给他们带来力量。

大田嘉仁

目录

奇迹般的语言

15句话带来人生转机

稻盛和夫

明日からすぐ役立つ
15の言葉

第一章

稻盛和夫关于“磨炼人格”的4句话

1

谦虚可以“辟邪”

磨炼人格，使人成长的方法

“为什么不把五香粉递给我？！”

稻盛先生含着怒意的声音在京瓷总部的会长室内回荡。当时，会长室里只有稻盛先生和我两个人。就是说，稻盛先生明显是对着我发火。我迄今仍清晰地记得，稻盛先生的怒火让我大吃一惊。这件事距今已有将近 30 年，我当时刚刚年满 40 岁。

我记得，那个时候，我作为稻盛先生的秘书，好不容易熟悉了相关工作。虽然仍旧带着紧张感，但我心中已经开始滋生自满。

稻盛先生当时还不到 65 岁，虽然已经就任了会长，但仍然是活跃在一线的著名经营者[①]，也经常会出现在媒体报道中。当时，不仅是京瓷，稻盛先生创办的第二电电（现 KDDI）、稻盛财团、盛和塾等事业和组织都在快速成长，所以稻盛先生每天都极为忙碌。

稻盛先生能够来到京瓷总部的时间，也慢慢地变得越来越有限了。

稻盛先生即使来到总部，能够参与会议的时间也很有限。但我当时作为秘书，有很多事项必须向稻盛先生汇报。每当稻盛先生来到总部时，我先在会长室听取稻盛先生的讲话，然后再向他说明公司内外的各项汇报事宜。接下来，我会向稻盛先生汇报上次他给予指示的相应事宜的进展状况。为了不浪费宝贵的时间，所有的汇报事项都必须有条不紊地推进。

应该以什么样的顺序，如何对稻盛先生进行说明？稻盛先生可能会提出什么样的问题，应该如何回答？我事前都会反复演练，这已经成为习惯。但即便如此，汇报事项还是很多，有时在预定时间内无法结束。

---

① 会长在日本企业中通常不从事日常业务。——译者注

当天，我在做了充分的准备之后，与稻盛先生开会，但会议仍然没能按时结束，所以，我们在会长室里一边吃午饭，一边继续开会。

这种时候，吃的都是“照例”从员工食堂送来的乌冬面。正在我一边吃着这个“照例”送来的乌冬面，一边继续对报告书进行说明时，会长室里突然响起了本节开头的那句话。

一个人的谦虚，最后会帮到他自己

“为什么不把五香粉递给我？！”这句话实在是令我摸不着头脑。当时我正在一心一意地对报告书进行说明。一开始我完全不理解稻盛先生在说什么，也不知道他为什么发火。我环顾四周，好不容易才理解了状况。

确实，五香粉就在我面前。但稻盛先生只要伸手，也不是拿不到。那个瞬间，傲慢的想法涌上心头：“五香粉之类的，自己拿就行了吧。”

但现在想起来，这正是导火索。

这种傲慢的想法，就是稻盛先生发怒的原因。只要专注于工作，就不用顾虑自己的上司——稻盛先生，这是一种傲慢。

我似乎记得，“五香粉之类的，自己拿就行了吧”这个念头生起的瞬间，我和稻盛先生的视线相遇了。

如同觉察了我内心的想法一样，稻盛先生开始说话了：

“大田是因为缺乏关怀对方的意愿，所以连五香粉也不愿递一下。”

就是说，不是递不递五香粉这个表象问题，稻盛先生责备的是我行为的根源——缺乏关怀对方之心。稻盛先生看着我的眼睛，平静地继续说道：

“之所以缺乏关怀对方的意愿，是因为只考虑自己，是因为不谦虚。”

我觉得自己的内心被看透了。“只考虑自己”“不谦虚”——我无法否认这样的批评，因为自己确实如此。当时距我开始担任稻盛先生的秘书，已经过去了几年。

那一时期，我有越来越多的机会和稻盛先生一起行动。有时，我和稻盛先生会一起乘坐会长专用车；有时，我们会一起与财界的要人聚餐。在这个过程中，我或许已经渐渐失去了谦虚的心态。虽然我自认为还是谨小慎微的，但恐怕已经在当时的环境中产生了怠慢之心。

相信稻盛先生一定是觉察到了我当时的这种变化，意识到自己的部下正在失去关怀他人之心，正在失却谦虚之心。必须对自己的部下予以提醒，我觉得他一直在等待这个机会。于是，恰巧遇到了五香粉这件事。正是在执笔本书的当下，我痛切地感受到，稻盛先生的话拯救了之后的我。

一个人的谦虚，会帮到他自己。我学到了这一点。

“关怀他人”就是“关怀自己”

我当时的脸色恐怕是苍白的。稻盛先生的话让我感受到了自己的不足。连我自己都意识到，脸上的血色正在消退。

看到这样的我，稻盛先生开始用柔和的语气说：

“大田，谦虚可以‘辟邪’哦。”

稻盛先生继续说道：

“只考虑自己，人就会变得狂妄自大，工作中也会以自我为中心做出判断。这样一来，就无法做出正确的判断，就得不到任何人的帮助。失去了谦虚，过度相信自己的能力，人就会懈怠，因而无法实现人的成长。

“谦虚太重要了，即使工作进展稍显顺利，也绝不能认为这就是自己的功劳。要始终关注周围的人，保持谦虚的态度。最后，大家都会向这样的人靠拢。

“过度自信、只考虑自己的人，遇到似乎能赚钱的机会时，会怎样呢？他们都会深陷其中，到头来都会失败，失去一切。迄今为止，我见过很多这样不幸的人。所以，不能失去谦虚，谦虚可以‘辟邪’。”

对于这样的话，我从内心认同。保持谦虚，从结果上来说，不仅是“关怀对方”，同时也是“关怀自己”。听着稻盛先生的教诲，我突然想起了这样的事情。

“谦虚可以‘辟邪’”。实际上，从听到这句话的那一天开始，我可能就已经发生变化了。此后的 30 年里，我经历了京瓷的发展、日航的重建，在工作中拼命努力，付出辛劳。但在这么长的时间中，我从来没有遇到过赚钱的圈套或可怕的人、事、物。

可能正是因为有了“辟邪”之物。

2

能否把成功当作“考验”

能够持续成功的人与只能成功一次的人

“受到稻盛会长的表扬要小心哦，大田君。”

在京瓷总部的社长室里，我听到了这句意义不明的话。这句话是当时的京瓷社长伊藤谦介先生所言。伊藤社长是与稻盛先生甘苦与共、共同创业的伙伴，不仅品德高尚，而且具有领导者的非凡魅力；不仅深受稻盛先生的信任，而且被众多员工所爱戴。

我也是其中之一。作为秘书室室长，需要向社长汇报众多事项，所以我非常有幸，几乎每天都能与他沟通。这一天，我正在向伊藤社长汇报稻盛先生举办的某个活动的结果。这个活动的主旨是让日本全国的众多经营者汇聚一堂，凝聚日本的经营力量，帮助活跃经济。而我竟然被稻盛先生直接指定为这个活动的负责人。

“希望你负责成立事务局，把这次活动办成。”某天，稻盛先生这样要求我。说实话，我大吃一惊。说是晴天霹雳，应该也不过分。

因为不是常规活动，所以当时的准备期仅有一个多月。而且，开始筹备的时候正好是年末，准备工作赶不上进度。就连一直秉持积极心态的我，都觉得焦躁不安。

可能是稻盛先生看到了我的这种状态，有点担心。

他安慰我说：“没必要太过勉强，准备时间如此之短，进展不顺利也没办法。”但因为最初直接受到了稻盛先生的指示，“希望把这次活动办好”，所以，对我来说，不能因为“进展不顺利也没办法”就放弃。我现在还记得，我无论如何都想让那次活动圆满成功，于是对公司内外的相关人士都提出了相当苛刻的要求。

现在看来，因为是稻盛先生举办的活动，所以财界的朋友最终给予了全面支持，这才是活动成功的主因。从结果而言，那次办成了一场大活动，日本全国有超过2000名经营者参加，媒体也纷纷大加报道，甚至可以说，活动大获成功。

活动结束后，在意犹未尽的氛围中，稻盛先生对我大加表扬。

他握着我的手说道：“大田，谢谢你了，做得非常好！”我从未见过稻盛先生如此饱含深情地赞扬员工。对我而言，虽然以前也曾受到稻盛先生的表扬，但被稻盛先生这样握着手表扬，在我漫长的秘书生涯中，那是第一次，也是最后一次。所以，之后的一段时间里，我可能表现得扬扬得意。

被稻盛会长表扬后，为什么“要小心”

“受到稻盛会长的表扬要小心哦，大田君。”在京瓷总部的社长室里听到这句话，是活动结束的几天以后了。当天，我为了汇报活动的结果，按照事前与伊藤社长约好的时间来到了社长室。伊藤社长知道，那是一场稻盛先生举办的活动，他当然对结果也很关心。我向他汇报活动取得了圆满成功，另外也加上了活动结束之后稻盛先生对我大加表扬一事。

恐怕是当时的语气多少有点自满，伊藤社长的脸色一下子严肃起来，对我说了开头的那番话。这完全出乎我的意料，我原来一心以为，伊藤社长也会像稻盛先生一样对我进行表扬，所以当时非常吃惊。

“受到稻盛会长的表扬，为什么反而要小心呢？”伊藤社长的话中并没有答案，我的心中充满了疑问。

伊藤社长认真地注视着吃惊的我，这样对我说道：

“大田君，自创业以来，京瓷就有很多拼命努力，经受辛劳，不断开发新产品、新客户并取得成功的人。对于这样的人，稻盛先生会发自内心地表扬他们。但问题是，以后怎么办？被稻盛先生表扬之后的事情才是问题。”

“被表扬之后，才是问题。”

听着伊藤社长的讲话，我兴奋的头脑渐渐冷静下来。

“大田君，有的人被稻盛会长表扬之后，忘乎所以，失去了谦虚，变得骄傲自满。实际上是因为部门的所有人都拼命努力才最终达成的成果，但当事人却产生了错觉，以为是自己一个人的功劳。之后的结果你应该知道吧。”

受到稻盛先生的表扬，因而骄傲自满的人——环顾周边，确实有这样的人，这是事实。作为京瓷的员工，拼命努力，把工作做成功了，受到了稻盛先生的表扬。这确实是非常令人高兴的事情。但是，有的人却因此失去了谦虚，当时的成功在日后的人生中，反而起到了负面作用。

所以，伊藤社长是在提醒我，不能成为这样的人。看到我似乎理解了他的意思，伊藤社长也显露出安心的神情，笑着把我送出了门。但即便到了今天，只要工作进展顺利，受到他人的赞扬，我还是很容易就会得意扬扬。非常值得感谢的是，这种时候，伊藤社长的告诫就会回响在耳边。

“被表扬了，要小心哦，大田君。”

人要接受成功的“考验”

“成功也是考验。”

稻盛先生在京瓷的董事会、公司外部的讲演会等场合，经常会说这句话。从这个意义上说，这句话或许可以被视作稻盛先生的口头禅。“成功也是考验”，到了今天，我才多多少少理解这句话的含义。最初听到这句话的时候，我觉得很刺耳，甚至觉得有些反感。

“成功也是考验？不可能吧？”

我当时觉得，成功就是成功。如果说成功是考验的话，那谁都不会想要成功了。所以，如果阅读本书的读者中有人对“成功也是考验”这句话不认同，我也觉得很正常。或许可以说，不认同这句话的人反而更多。我曾长年担任稻盛先生的秘书室室长，连我自己一开始都觉得反感。

一般而言，直面意料之外的困难，或是遭遇某种失败时，人们才会使用“考验”这个词。因为这个“考验”伴随着苦难、痛苦，从某种意义上来说，还是比较容易理解的。正因为知道是“考验”，所以才会反省、努力，从而经受住“考验”。对职场中人而言，这甚至可以说是一般常识。从结果而言，经受住这种“考验”的也大有人在。但是，稻盛先生所说的不仅仅是这种级别的“考验”，他更担心的是之后的事情。

不是“困难”和“失败”，而是以“成功”的面目出现的“考验”。

这种“考验”不仅没有伴随着苦难，甚至还会带来幸福感，因此很难被觉察。因为没有觉察到那是一种“考验”，当然就不会反省和努力，去经受考验。

结果就会在人生中招致意想不到的失败。

用简单明了的方法说明一下前面的例子：为了经受住“困难”和“失败”的“考验”，所以不断反省，不断努力——历经长期奋斗，经受不为人知的辛劳，总算经受住了这种“考验”，好不容易获得了成功。

然而，此后实际上还有另外一场“考验”在等待。

一旦成功就满足于现状的人不在少数。

此外，还有人把成功归结于自己的努力和才能，因此骄傲自满。更糟糕的是，因为获得了成功，所以周围人的态度发生了变化，有人赞美成功，甚至有人溜须拍马。

这样一来，人在不知不觉中就会失去谦虚，失去感谢之心，过度相信自己的能力，不再努力。结果这种成功反而会招致失败，所以说，“成功也是考验”。

但是，经受住了“考验”，好不容易获得了“成功”，再要把这种“成功”也视作“考验”，这几乎做不到。前面也提到过，我仅仅是拼命努力了一个月左右，受到表扬之后，也会变得得意扬扬，像我这样的人应该也不在少数。

那应该怎么办呢？

“上天赐予成功这一考验，测试当事人的人格。”

用稻盛先生的语言来说，除了将这句话铭刻在心，别无他法。

关注“比成功更为重要的事情”

最近，我有时会觉得年轻人对“成功”这件事情有点误解。在商业领域，“一次成功”是没什么意义的。

当然，如果这种成功带来的是当事人谦虚、努力和执着的姿态，或是意想不到的幸运、与众多伙伴的通力合作，那么从这个意义上说，这种成功非常宝贵，应该单纯地为之喜悦。

但是，如果这种成功是一时的，那么在商业上就没有太大的意义。在商业上，重要的是持续成功。话虽如此，但即便是“一次成功”也需要为之付出巨大的努力，所以持续成功不是一件简单的事情。

那么，要获得持续成功，应该怎么做呢？答案就是前面介绍的稻盛先生的那句话。

“上天赐予成功这一考验，测试当事人的人格。”必须把这句话铭刻在心。

稻盛先生在某次会议上曾经对这句话进行说明，我迄今仍然记忆犹新。

“上天赐予成功这一考验，测试当事人是何种程度的人物。”接着，稻盛先生继续说道，“**是因为获得这种程度的成功，就失去了谦虚，变得骄傲自满**；还是将成功视作周围人支持和自己幸运的产物，认为是超出自身能力的结果，所以**不忘感谢之心，更加持续地付出努力**，当事人到底是哪种人物，上天用成功这一考验加以测试。”

即便我没有很强烈的宗教信仰，但听到这句话时，内心也生起了崇高感。

与此同时，我也真正领会了“成功也是考验”这句话的重要性。要想持续成功，我就必须成为后者那样的人物。

换言之，就如稻盛先生所言，因为自己的成功是拜周围人的支持和自身幸运所赐，所以不忘感谢之心，更加持续地付出努力。我应该成为这种人。

事实上，尽管曾经崭露头角，或者说，正是因为崭露头角，然后才渐渐消失在大众视野中的名人不在少数。不仅有艺人、职业运动员，还有一度被称为一流经营者的人。

很遗憾，他们未能经受住上天赐予的“成功这一考验”。

稻盛先生关于“持续成功”的箴言

我认为，稻盛先生这个人，是一个持续经受住“成功这一考验”的人。

我先是作为京瓷的秘书室长，然后作为日航的会长助理，在将近

30 年的时间里，近距离观察稻盛先生，我发自内心地这样认为。在这漫长的岁月里，稻盛先生在事业上取得了种种成功，但我却从未看到他“失去谦虚，骄傲自满”的样子。

所以，稻盛先生才能在整个人生中持续成功，我就是这么认为的。有一个很具象征性的小故事，我介绍给大家。

那是距今大约 20 年前的事情。

一天，稻盛先生接受某大型报社的采访。当时，稻盛先生作为经营者活跃在第一线，一直以来，不仅在实业界，而且在民间也受到一般民众的尊敬。

采访过程中，有一名新闻记者非常唐突地提出了一个问题。

“稻盛名誉会长让京瓷和 KDDI 都获得了巨大的成功，请问获得这些成功的秘诀是什么？”

我现在还记得，当时的感觉是，作为新闻记者，这个问题实在是提得过于笼统。但与此同时，这也是一个触及“著名经营者稻盛和夫”之本质的大胆的问题，同坐一旁的我竖起耳朵，想要仔细聆听稻盛先生如何回答。

稻盛先生平静地回答道：

“成功？不，我不认为自己已经成功了。”

记者听到后，一时语塞，非常疑惑。因为他不知道“成功也是考验”这一思维方式，所以也情有可原。

当时，稻盛先生已经年过七旬。

那位记者恐怕是想让稻盛先生先回顾一下自己的半生，回想历经艰辛，创办京瓷和 KDDI 这两家大企业，并使之走向成功的历程，再引出成功的秘诀。我想，稻盛先生的回答出乎他的意料，使他非常惊讶，一时说不出话。

然而，我却认为，稻盛先生的这句话，才是他持续成功的秘诀。稻盛先生对记者继续淡淡地说道：

“**我想要到达的目标还在遥远的更高处，现在只算是中途**。我认为，今后还是要**继续付出和以往同样的努力**才行。”

如果是低目标，达成就很简单。但如果因此就认为“成功了”，因此扬扬自得，失去谦虚，也不再努力，那么连这个小小的成功也会失去。

如果认同“成功也是考验”这句话，那么就要设定无法轻易达成的高目标。就是说，只要描绘无法轻松实现的远大梦想，并朝着这个梦想持续不断地付出努力就行了。

在这个过程中，即便被周围人称赞“了不起”，但因为仍在途中，所以还是会持续追逐高目标。

这就是稻盛先生持续成功的秘诀，也是稻盛先生所遵循的“活法”。通过这次报社采访，我意识到，自己间接从稻盛先生那里学到了这个道理。

不过，当时这么想的可能不止我一个人。采访结束后，我听到报社的人议论说：“原来如此，所以稻盛先生才能持续成功啊！”

不仅仅是京瓷和 KDDI，稻盛先生的思维方式应该适用于所有行业的工作。我当时就是这么想的。

3

坦率地说出心里话，坦率地接受批评，坦率地反省

让失败发挥积极作用的方法

“受到批评后对此不理不睬的家伙是最糟糕的。”

稻盛先生曾怜悯地自言自语。因为当时稻盛先生的语气充满悲悯，所以我印象深刻，至今都记得这句话。那是距今大约 30 年前，20 世纪 90 年代中期的事情。

当时，为了摸索如何构建日本和美国之间的良好关系，稻盛先生设立了“日美 21 世纪委员会”。在一次报告会后，会议室里只留下了稻盛先生和我两个人。

这时，稻盛先生突然喃喃自语，说出了前面那句话。

虽说会议室里只有我们二人，但我知道，稻盛先生的那句话并不是对我讲的。我觉得，他在四下无人的会议室里，正好在思考“受到批评后对此不理不睬的家伙”，不由自主、自然而然就脱口而出了。

“受到批评后对此不理不睬的家伙”，这个人是谁呢？我大概可以猜到。

那就是负责“日美 21 世纪委员会”的宣传部门，也就是媒体宣传部门的某京瓷干部。稻盛先生的喃喃自语其实就是对他的劝诫。

当时是 20 世纪 90 年代，由于美国对日本产生了巨额的贸易赤字等原因，日美关系非常紧张，甚至有人认为那是双方战后[①]关系最差的时期。对此，稻盛先生抱有强烈的危机感，于是他开始摸索从日美双方的民间立场出发，改善双边关系的方法。

在得到代表日美双方的有识之士的赞同之后，前述的“日美 21

① 指第二次世界大战后。——编者注

世纪委员会”得以成立。在稻盛先生的努力之下，“日美21世纪委员会”中聚集了能够代表日本和美国的25名杰出人物。

美国方面有前总统乔治·H.W.布什（父）、国防部前部长哈罗德·布朗、美国贸易代表办公室原代表威廉·布罗克等人。日本方面有前首相宫泽喜一、经济企划厅原长官及作家堺屋太一等人。

稻盛先生则作为委员，主导了这一国际会议。

我当时只有30多岁，担任稻盛先生的秘书也仅有几年，资历有限。但稻盛先生却对我这样的后辈提出：“希望能帮忙做一下事务局的工作。”我当时很清楚，这项工作对我来说责任太过重大。但相较于心中的不安情绪，想要回应稻盛先生好意的心情更为强烈。

就这样，“日美21世纪委员会”的筹备工作开始了。

其中，媒体宣传部门就交给了京瓷的一位干部负责。这位先生是经由现在所谓的“猎头”的形式加入京瓷的。他以往在媒体公关方面有丰富的经验，这一点好像也成了录用他的原因之一。

因为可以参加稻盛先生担任委员的国际会议，那位先生不仅爽快地接受了媒体宣传部门负责人的职位，而且在就任之后也显示出对工作意义的认同。实际上，由于他在各大媒体拥有很多渠道，所以我记得，媒体宣传部门的工作在启动阶段非常顺利。

然而，被认为非常理想的人选，却造成了“令人遗憾的结果”。

成功的法则——乐观构思，悲观计划

现在想起来，“令人遗憾的结果”的先兆，早在准备阶段就出现了。

因为“日美 21 世纪委员会”是汇集日美两国要人的大型国际会议，所以可以预料，不仅是日本媒体，美国的媒体也会非常关注。当然，在媒体宣传方面所需的细致程度和广泛程度，跟普通的国际会议也完全不是一个级别的。

对此，那位干部也理解得非常到位，所以他制订了详细且宏大的计划，每次都向稻盛先生汇报。我作为事务局成员，每次都列席媒体宣传部门的报告会。对于那位干部的手段和视角，我不仅深感敬佩，甚至可以说完全自愧不如。

然而，从“日美 21 世纪委员会”的性质来说，其媒体宣传工作不能仅仅靠细致和广泛地对日本和美国的媒体予以应对。

我们需要借助媒体的力量，来改善当时被认为是双方战后最糟糕的日美关系。也就是说，媒体宣传部门不仅仅是媒体的窗口，还需要强烈地向媒体传递改善日美关系的诉求。当然，主管干部应该已经充分了解了这一点。

然而，实际情况与稻盛先生的热情之间，似乎存在一些温度差。

这种温度差可能正是导致后来“令人遗憾的结果”的原因之一。事实上，在媒体宣传部门的汇报中，稻盛先生也表达过担忧。

“可能有点过于乐观了吧。”

对于稻盛先生来说，他可能感受到这位干部的热情不足，没能充分地发动媒体，以改善日美关系。现在回想起来，稻盛先生的这番话可能就是“令人遗憾的结果”的先兆。

然而，对于稻盛先生的担忧，该干部坚决回答道：“我们会充分重视您指出的问题，在此基础上继续推进，请您放心。”因为说到了这种程度，所以稻盛先生也就同意了。

“乐观构思，悲观计划，乐观实行。”

这是稻盛先生著名的经营哲学中的一条。

要开始新事业并使之成功，能够描绘光明未来的乐观主义者更为适合。这是稻盛先生的思维方式。

但是，在将“构思”具体转化为“计划”的阶段，很多乐观主义者会搞错方向。在“计划”阶段，必须考虑各种风险，并且站在“悲观主义者的视角”进行风险管理。

然后，在采取行动时，要一心相信一定会成功，积极乐观地付诸行动。

该主管干部非常优秀，所以他可能比其他人更能够“乐观地构思”和“乐观地实行”。但是，无法充分做到“悲观地计划”，导致其受到稻盛先生的“责备”。

“直面失败”的能力使人成长

“日美 21 世纪委员会”的首次国际会议在取得巨大成功后落下帷幕。

然而，这只是外部看来的“巨大成功”，对稻盛先生而言，似乎只能算“勉强成功”的级别。

尤其是在媒体宣传方面，他似乎抱有某种不满。

话虽如此，但并不是说媒体公关方面有什么疏漏。负责媒体事务的主管干部经验丰富，制订了详细而宏大的计划。稻盛先生指出的问题点，也得到了重视。所以从一般的眼光来看，并没有什么疏漏之处。

从外部人员的视角来看，第一次国际会议的媒体宣传似乎是取得了“巨大成功”。实际上，来自日本和美国的多家媒体都对此做出了积极反应，这也是事实。

但是，“日美 21 世纪委员会”是一个国际会议，其中包括前国家元首级别的人物，如美国前总统乔治 · H.W. 布什和日本前首相宫泽喜一。考虑到这一点，得到媒体的相应反响似乎也是理所当然。

然而，在媒体宣传中，是否体现出了改善日美关系这一诉求的“强烈性”？

如果有人提出这样的疑问，我认为确实有必要进行探讨。

当然，负责媒体事务的主管干部也付出了相应的努力。但遗憾的是，他的努力似乎远未达到稻盛先生要求的水平。

“日美 21 世纪委员会”在举办第一届会议之后还将持续举办。关于第二次国际会议的媒体宣传，在报告会上发生了这样一件事情。一开场，稻盛先生就向负责媒体事务的主管干部提出了之前的疑问：在媒体宣传中，是否体现出了改善日美关系这一诉求的“强烈性”？

接着，稻盛先生说出了与第一次报告会上说的类似的话。

“或许有点过于乐观了吧。”

因为我曾在稻盛先生的领导下工作了数年，所以我明白稻盛先生并不是在责备此次的媒体宣传工作。相反，他是在积极地给予建议，鼓励负责媒体事务的主管干部承认自己的失误，虚心反省，然后将第一次的经验运用于第二次国际会议的媒体宣传工作。

然而，这位干部似乎并没有完全理解稻盛先生的真正意图。

现在想起来，这也不难理解。

由于这位干部是通过类似猎头的方式中途加入京瓷的，他可能并没有充分理解“传奇经营者——稻盛和夫”这个人物。他可能没有意识到稻盛先生话语背后的深意，可能只是感觉自己被训斥了。

他没有回答稻盛先生的问题，只是说：“非常抱歉，以后会注意……”然后就低头不语了。

我记得那位干部平时充满自信，这次的情景与那种印象大相径庭，我感到很惊讶。恐怕在稻盛先生看来，这种情况就是“受到批评后对此不理不睬”。

“被稻盛和夫这位传奇经营者训斥了！”恐怕这位干部对这个事实感到错愕。因此，他可能失去了承认自身失误、虚心反省的力量。可能是他之前辉煌的职业生涯，以及由此产生的自豪，使他无法正视自己的失败。

然而，只有正视自己的失败并进行反省，人才能够持续成长。在此之后，我从稻盛先生那里学到了这个道理。

人通过“反省”来实现进步

通过直面自己的失败，人们可以在工作中不断成长。

我从稻盛先生那里学到的这一点，正来自前面那句怜悯的自言自语：“受到批评后对此不理不睬的家伙是最糟糕的。”

稻盛先生怜悯地自言自语后，似乎又回过神来。在媒体宣传部门的报告会结束后，我们留在会议室里，可能因为他关心着那位“受到批评后对此不理不睬的家伙”，也就是那位干部，于是陷入种种思考，又被自己不经意间发出的声音吓了一跳，然后注意到只有自己和秘书两人留在会议室里——当时就是这样的情况。

其实，稻盛先生当时看我的眼神似乎有些茫然。

然而，当他注视着我的脸时，表情变得越来越认真。“受到批评后对此不理不睬的家伙是最糟糕的”，这句嘀咕当时并不是直接对我说的，但当他看着我的脸时，似乎想法就开始改变了。

为什么这么说呢？因为当时的我，虽然对工作很热心，但作为一个有几年经验的秘书，无论在谁看来，都有些傲慢的地方。在稻盛先生看来，或许我看起来就是一个“被责备后随时都会对此不理不睬”的下属。

可能是为了不让我成为那样的下属吧，稻盛先生以平静柔和的语调对我说：

“坦率地说出心里话，坦率地接受批评，坦率地反省。”

看着我惊讶的表情，稻盛先生继续说道：

“对于一个人的成长而言，这是必要的。首先要坦率地说出来。**如果不坦率地说出自己的想法、思考和梦想，无论是工作还是生活，什么都无法开始。**

“但是，说出来的话有时也可能是错误的。在这种情况下，可能会受到上司或者合作伙伴的责备。那时，要坦率地接受批评，坦率地反省。**因为正是通过反省，人才能够逐渐提升。**

“如果养成了坦率反省的习惯，这种习惯就会在工作和生活中帮助我们纠偏，**工作和人生中就不会有大的差错。”**

我觉得在这个瞬间，“坦率地说出心里话，坦率地接受批评，坦率地反省”这句话的意义，我自然而然地就理解了。

与此同时，我想起了媒体宣传部门报告会上的主管干部。

没有意识到稻盛先生话中深意，只是感觉到自己被责备，于是就沉默不语。

从那样的姿态中，我没有感受到“坦率地接受批评，坦率地反省”的态度。只是因为自尊受伤而无法直面自己的失败，这样的态度恐怕只能给人留下“不理不睬”的印象。

这样说可能有些自以为是，在那种态度下，基本上是不可能进行自我修正的，可能会反复犯同样的错误。没有反省，人不仅无法进步，未来可能还会大大走偏。

正当我这么想的时候，稻盛先生又一次说出了出人意料的话。

从失败中重新开始——“稻盛式自省仪式”

“我自己有时候也会失败，也会失言。”

稻盛先生这出乎意料的话语让我一时怀疑自己听错了。

当时，我已担任稻盛先生的秘书好几年了，所以这番话让我感到非常意外。这是为什么呢？因为在此之前，我从未见过或听说过稻盛先生有过失败或失言。我心想：“稻盛会长会失败？会失言？这是不可能的！”

然而，算上此前的时间，现在我在稻盛先生身边已经工作了将近 30 年，情况自然不同了。在这漫长的岁月里，我聆听了稻盛先生的大量讲述，因此我现在能够理解他当时的意思。

恐怕稻盛先生平时也会遇到各种失败或失言的情况吧。

只是这些失败和失言，我们这样的第三者看不出来而已。

换句话说，对于第三者而言，这些失败或失言未必严重到需要特别提及。但恐怕对于稻盛先生自己来说，那就是必须正视的失败，是必须承认的失言。

举例来说，以前稻盛先生经常在公司内外向年轻人讲述自己的梦想。在这种时候，由于热情地讲述梦想变得激动，他总是容易说出“过分的话”。似乎在他本人看来，自己经常会有这样的失言。但作为他身边的秘书，我却从未有过这样的感受。然而，恐怕对于稻盛先生来说，那就是明显的失败和失言。

应该是从某一时期开始，稻盛先生为自己规定了“自省仪式”。

尽管稻盛先生常说“坦然接受批评并虚心反省”，但稻盛先生身边没有人能批评他。换句话说，想“坦然接受批评并虚心反省”，只能依靠自我批评。

因此，他会在失败的那天晚上或第二天早上，站在洗手间的镜子前，严厉地训斥自己是“蠢货”。接着，他会以反省的态度说出“对不起”。在坦诚地反省之后，他会告诉自己，从明天或今天起，要怀着谦虚的心态重新开始。

这就是稻盛先生的“自省仪式”。

稻盛先生把这种习惯称为“要每天反省”。

在我们的工作和生活中，失败在所难免。如果无法避免，那么怎么将失败朝着积极的方向去转化呢?

就像稻盛先生每天实践的那样，“要每天反省”或许看起来有些烦琐，但这可能就是最可靠的方法。

4

死后的部分占据人生的更长时间

“人生观”与“工作”直接相关

当稻盛先生谈论“工作的精髓”“经营的真谛”这些重大命题时，其中必然蕴含了稻盛先生的生死观或人生观。正因如此，稻盛先生在工作和经营中，从不追逐眼前的利益或短期的结果，而是能够从长远的角度构思宏大的计划。

反过来说，如果没有明确的生死观和人生观，可能不仅在经营上，甚至在工作上都会陷入困境。知名经营者中喜欢读书的人比较多，可能也有这方面的原因。他们可能是试图通过阅读获得明确的生死观和人生观。

实际上，稻盛先生也是一个热衷于读书的人。

除了与工作直接相关的经营类书籍和理工科专业书籍，他还经常阅读哲学和宗教等探索人性的书籍。此外，基于自己通过阅读获得大量见识的经验，他一有机会就会鼓励京瓷员工去读书。

“现场经验很重要，但读书同样重要。”

这是稻盛先生在向员工强调读书的好处时常说的一句话。当时我自以为理解这句话，现在回想起来，才真正感受到这是非常了不起的一句话。这是因为经营者在每天的工作中获取的“现场经验”和“阅读”几乎被放到了同等重要的位置上。

我认为，作为经营者，如此深入地表达这种观点，是需要勇气的。

对于稻盛先生来说，通过读书获得的人生观，应该是一种极为有益的财富吧。好的“人生观”与良好的“工作”直接相关——事实应该就是这样。

物理也好，人生也好，既然有“负”，就一定会有“正”

正因有了坚定的人生观，工作才有了确定的意义——或许是因为这样的想法很强烈，所以稻盛先生参与和举办了各种不同的研讨会。如果只是读书，容易变成单向输入；而通过研讨会，不仅需要输入，还需要输出，这使得更深入的双向交流成为可能，他应该是这么考虑的。

其中一个研讨会，会定期邀请京都大学各领域的知名学者，每次10名左右，阵容非常豪华。内容涵盖哲学、心理学、数学、宇宙物理学、医学等各个专业领域，由学者们进行讲授，之后展开讨论。

研讨会的成员包括诺贝尔生理学或医学奖得主本庶佑先生、曾任文化厅长官的心理学家河合隼雄先生，以及世界知名数学家广中平佑先生等，都是代表日本的一流人士。

“大田，因为会有收获，你也考虑参加一下吧。”

我很幸运地得到了稻盛先生的许可，参加了这个研讨会。或许这是因为稻盛先生认为，我作为他的秘书，需要具备一定的素养和人生观。实际上，那段时期的经历让我受益匪浅，对我之后的职业生涯——京瓷的成长以及日航的重建，产生了巨大的作用。

此外，我目前担任健康电器和美容设备制造商 MTG 的董事长。MTG 以与葡萄牙世界级足球运动员克里斯蒂亚诺·罗纳尔多合作开发的“SIXPAD”等国际品牌而闻名。我深切地感受到，在研讨会与京都大学诸位学者的交流，带给我不同的视角和思维方式，这些收获在这样的全球性业务中也发挥了重要作用。

其中的一次研讨会，影响了我的人生观。

在那次研讨会上，稻盛先生获得了一次机会，在学者们面前谈论自己的人生观。

“我因为长期从事技术开发，养成了以逻辑思维思考事物的习惯。所以，不仅对物理现象，而且**对这个世界上发生的一切事情，我都认为是合乎逻辑的。**

“也就是说，在物理现象中，如果有正，就必然有负；如果有负，就必然有正。**在人生中也是如此，如果有负，就必然有正。**”

对于京都大学的学者们而言，这样的讲法他们平时应该没怎么听到过。

然而，稻盛先生作为一名经营者，当时已经取得了众多辉煌的成就和成功，所以他的人生观吸引了所有在场学者的浓厚兴趣，大家都兴致盎然地侧耳倾听。

稻盛先生继续说道：

“一方面，如果是**只追求个人得益的自私生活，那即使在短期内很好，也绝不会持久**，人生恐怕就是这样的；另一方面，如果自己不辞辛苦，同时希望他人也过得好，**以这样利他的方式生活，应该就能度过美好的人生。**”

奇迹般的语言

15句话带来人生转机

稲盛和夫

明日からすぐ役立つ
15の言葉

第二章

稻盛和夫关于“把工作做得更好”的4句话

5

不能否定“过去”

“受人信赖”的基本

“不管要开始做什么，首先必须对现状表示感谢。”

在京瓷的会长室里，稻盛先生曾低声说出这句意味深刻的话。

当时正值京瓷的某个部门更换了新的本部长，新的本部长就任后来会长室问候稻盛先生。他离开之后稻盛先生说了这句话。

那位新的本部长在会长室面对稻盛先生进行就职寒暄时，应该是非常兴奋的。他不仅做了寒暄，还一一指出自己将要负责的部门的问题点。

当时我在一旁听着新本部长的发言，不仅对他的积极性和发现问题的能力印象深刻，同时还相当吃惊："那个部门有这么多问题吗？"

稻盛先生面不改色地静静听完了本部长的发言。我记得，最后那位本部长充满信心地表示："我一定会改正这个部门的问题。"

稻盛先生微笑着回应："谢谢，加油！"然后送走了本部长。我记得整个过程不超过 10 分钟。

开头的那句低语，就是在本部长离开会长室后，稻盛先生对我说的。

突如其来的这句话令我有些吃惊，稻盛先生随即说道：

"我知道那个部门确实存在问题，现在处于不太好的状态，所以才会发生本部长的人事变动。

"不过，前任本部长并没有敷衍塞责，他也在以他的方式努力，只是事情没有顺利推进。**必须承认他的努力，首先，必须要对此表示感谢。**"

确实，稻盛先生说得很有道理。

但正因为“有道理”，所以我的心中产生了一个小小的疑问：这么重要的道理，为什么稻盛先生要对我说，而不对刚刚那位本部长说呢？

我当时恐怕是带着疑惑的神情望着稻盛先生的脸。稻盛先生如同看穿了我的内心一般，说出了下面这段话：

“对从现在起打算加油干的人，我们首先必须表示感谢；**对于那些拼命努力的人，首先必须鼓励。**有些事情虽然想说，但必须抑制这种冲动，不能宣之于口。”

听到这里，我脸上的疑惑神情恐怕就已经消失了。

稻盛先生继续说道：

“领导者**无论何时都必须了解别人的情感和内心变化。不能只有严厉，还需要温暖和关怀，**否则就无法激发全员的积极性。”

在那个时刻，稻盛先生肯定也考虑到了新任本部长的“情感和内心变化”。对于稻盛先生来说，也许新任本部长的发言让他想要呵斥：“不管要开始做什么，首先必须对现状表示感谢。”

然而，如果考虑本部长的感受，我们可以理解他渴望在会长室里向稻盛先生展示自己的热情。如果当时对本部长加以责备，可能会打击他的积极性。稻盛先生或许是这样考虑的。

现在需要的不是“指责”，而是“鼓励”。结果，稻盛先生在会长室里微笑着送走了本部长。

这正是稻盛先生的关怀和体谅。

首先要“感谢过去”

“不能否定过去，否则没有人会追随。”

看到我似乎已经理解的表情，稻盛先生接着说道：

“在新的工作环境里，新任领导者为了改善组织，常常不自觉地列举过去的问题，但这样做就等于否定了前任领导者过去的努力。我们不能否定别人的过去，这样做，新的同事不会追随。”

稻盛先生一边注视着我的眼睛，一边继续说道：

“当我们观察前任领导者的过去时，看到的不应该只有问题，还有他**曾经付出的努力**。首先必须对此表示感谢。这样去做，新的同事也会更愿意追随。”

我很庆幸，当时能够聆听稻盛先生的教诲。他借助各种机会，给予我关于“领导者应有的姿态”的教导。可能是因为我是京瓷的秘书室长，是秘书室的负责人，他认为教导我“领导者的要义”是他的职责。

在将新任本部长送出会长室后，稻盛先生似乎就开始关注坐在一旁的我，他应该是在想我的“情感和内心变化”是怎样的。

当时听到新任本部长的话，我虽然有些惊讶，但仍然是以欣赏的态度继续聆听的。稻盛先生或许是想起了刚刚的这一幕。而且，因为他说“谢谢，加油”并微笑着送走了本部长，所以（在他看来）我没有在这个过程中感知到工作上的问题，这也不奇怪。

稻盛先生可能是感觉到有必要向我说明“微笑着送走本部长”的理由。

这就是开头那句“不管要开始做什么，首先必须对现状表示感谢”的由来。他之所以特意微笑着送走新任本部长，是因为他想教给我一个道理，对于那些现在开始准备大展拳脚的人来说，“首先必须感谢”。

人的情感会怎样变化，这一点是领导者必须时刻思考的。

我觉得，我那一天从稻盛先生身上切实地学到了这一点。

这个世界上，每个人都全力以赴地活着。领导者首先必须承认这一点，并从使用感谢的语言开始。这种温暖与关怀是领导者需要具备的至关重要的素养。

拥有这样的领导者，组织就能强大。在那个瞬间，我学到了这一点。

“正向的工作”必定源自“正向的语言”

稻盛先生从来不用“否定性的语言”。

不仅不否定过去，也不否定现在。

或许正因如此，稻盛先生才能不断地将积极的想法变成未来的事实。

“在我的字典里，没有否定性的语言。”稻盛先生曾用这句话来表达这一点。

事实上有过这样一件事，它发生在一个新事业相关的会议上。

当时，一位新事业的领导者向稻盛先生汇报了当前的情况。

尽管这个新事业规模较小，但当时却面临着一些不容小觑的挑战。也许当事人并没有恶意，但在会议上，一些消极的言辞，比如“时间安排非常紧张”等，开始频繁地出现。

这时，稻盛先生插话了。

“所谓新事业，即使规模较小，也应该充满激情地启动。然而，如果关键的领导者使用消极的言辞，认为事情可能会不顺利，那么不仅无法激发激情，反而会使氛围变得沉闷。这样一来，本来能顺利推进的事情也会变得不顺利。”

的确，那次会议中，可能是因为领导者说出消极的话语，氛围变得有点沉闷，那也是事实。

“我曾经成功创造了不少大规模的新事业，那都是别人认为根本不可能做成的事。我从来没有使用过消极的话语。事实上，在我的字典里，没有否定性的语言。”

稻盛先生的这句话让会议室陷入了寂静。

“**本来就没有哪项新业务能轻易取得成功**，所以，只要领导者稍微说一点消极的话，下属就不再愿意真正付出努力。这样一来，任何新业务都难以顺利推进。”

这位新事业的领导者被稻盛先生的话语所震撼，陷入了沉默。不过，从他的表情中可以清楚地看出他在反省自己的不足。

稻盛先生很可能明白了这位领导者的“情感和内心变化”，于是，他改变了口吻，温和地鼓励他：

“当然，任何事业都会面临问题，我们只要拼命努力去解决就行了。”

当稻盛先生这么一说时，之前陷入沉默的领导者眼神一变，然后，他说出了积极的话语：

“虽然时间安排可能很紧张，但我会重新审视作业流程。”

一旦听到积极的语言，会议室里确实又能感受到讨论新事业时特有的充满激情的氛围。

接着，稻盛先生以积极乐观的方式结束了会议：

“谢谢你。加油吧。**人类的语言中，存在着蕴含巨大力量的‘言灵’，负面的语言只会带来负面的结果。**所以，**不要使用否定性的语言。**”

的确，语言中蕴藏着很大的力量。

正因如此，稻盛先生每天都在最大限度地发挥语言的力量。

看得见“机会”的人和错失“机会”的人

人们说出的“否定性的语言”往往会以否定的形式回到自己身上。

“这里不行”“那里也不行”，如果口中总是有这样否定性的语言，那么恐怕自然就会养成“消极看待事物的习惯”。在养成了这个习惯后，甚至可能把机会都视为逆境。

相反，我认为，不断说出的“积极的语言”，往往会以积极的形式返回到现实中。我在个人生活中也有过这样的经验。

我在 30 多岁的时候，有幸申请并通过了京瓷的海外留学计划，被选中前往美国乔治 · 华盛顿大学商学院留学。

可能很多人都知道，乔治 · 华盛顿大学是基于美国第一任总统华盛顿的遗志创建的名校之一。那时的我将其视作千载难逢的良机，为了获得 MBA 学位，我兢兢业业地学习，这段经历我至今记忆犹新。

“我要为京瓷的增长做出贡献”“为此要全身心投入学习”。现在回想起来，我在留学期间只讲过这些“积极的语言”。正因如此，在异国他乡努力学习对我来说并不痛苦。

我认为，这最终转变成了积极的现实成果。

我自己都很惊讶，我不仅获得了 MBA 学位，还以第一名的成绩毕业于乔治 · 华盛顿大学商学院。这段经历以及在此期间获得的见识、建立的人际关系，都对我此后的商业生涯带来了巨大的恩惠。

例如，当我在美国提高了对英语和商业的理解时，我能够切身地理解美国人的人生观和工作观。这自然对我的商业生涯有了更大的帮助。

然而，即使有前往英语区出差或派驻等良机，似乎也有一些人会对生活环境的变化感到抗拒，或者认为现在才学习英语太麻烦。这些消极的态度可能使他们错过学习英语以及了解当地人的人生观和工作观的机会。

这些人也许没有意识到，他们错失了好不容易才获得的机会。因为养成了“消极看待事物”的习惯，或者至少是没有养成“积极看待事物”的习惯，所以他们产生了这样的机会损失。

或许可以说，这样就会导致难以看到“机会”。

打破“不利局面”的必要条件

无论处于多么不利的局面，都不应该说出“否定性的语言”。

我认为，这就是打破不利局面的必要条件。

我曾长期近距离观察稻盛先生，对此深有感触。我回想起稻盛先生在日航重建时的经历。

大约 10 年前，为了重建破产的日航，也是应国土交通大臣和企业再生支援机构的强烈要求，稻盛先生接任了日航的会长职务。那时，我与稻盛先生一起进入日航，我担任会长助理，每天努力工作，辅佐稻盛先生重建日航。

在这个过程中，我亲眼见证了稻盛先生拼死努力的身影。

稻盛先生就任日航会长时，日航正处于最为严重的“不利环境”中。即使在那种环境下，稻盛先生也从来不说一句“否定性的语言”。现在回想起来，我甚至觉得日航重建的原动力就源于这一点。

2010 年 1 月，受到两年前的雷曼危机所导致的世界性经济衰退的影响，日航背负着总额高达 2 兆 3221 亿日元的战后最大规模的债务，宣告破产。公司申请了《会社更生法》[①]，计划在法院的监督下进行重建。当时，日航的领导人选成了一个备受关注的话题。

正如前面提到的，国土交通大臣和企业再生支援机构一开始就坚

---

① 企业破产重建的相关法律。——译者注

决要求稻盛先生担任日航的负责人。然而，稻盛先生以“对航空业一无所知”和“年事已高”（当时稻盛先生已经 77 岁）为理由坚辞不受。

但对方并没有轻易放弃。

他们向稻盛先生陈述了日航的困境，并强烈要求他担任会长。

从那时起，稻盛先生似乎也认真考虑了担任日航会长的事情。出于“想帮助日航的员工”的善意和“受人之托，不应逃避”的侠义之心，稻盛先生最终接受了日航的会长职务。

而且，在接受会长职务时，他提出一个恐怕是闻所未闻的条件：“虽然会全力以赴，但因不能百分之百专注于日航的重建，所以希望不拿薪水。”

从他的这种姿态中，我也能感受到“经营者——稻盛和夫”的惊人之处。

然而，令人惊讶的是，媒体几乎没有对此给予称赞。相反，他们的反应相当负面。

实际上，媒体接二连三地对稻盛先生发出了“负面言辞”。

“没有航空业经验的稻盛和夫”重建日航的理由

“稻盛和夫不可能重建日航，日航必定会二次破产。”

稻盛先生出任日航会长时，媒体几乎都持这种负面论调。

首先，日航自身存在问题。

一直以来，日航常常被指责存在“官僚体制”，甚至比政府机构的还要严重。而且组织结构异常复杂，有多个工会。因此，当时的普遍观点是，无论谁成为领导者，都不可能改变导致日航破产的这种“体质”[①]和结构。

其次，是稻盛先生本人的问题。

非常讽刺的是，稻盛先生本人当初坚辞不受的理由，这时反倒成了媒体发出“负面言辞”的根据。

也就是说，“稻盛和夫先生在航空业没有任何经验，这样的人怎

① 这里用人的体质做类比，故比作企业的体质，与“体制”不同。——译者注

么可能重建破产的日航呢？”此外，还有“稻盛和夫先生年事已高，是否有足够的体力和精力去改变日航由来已久的官僚体制和复杂的组织结构”这样的疑问。

如此这般，当时的媒体对稻盛先生充满了否定的看法。

此外，稻盛先生就任会长时“不拿薪水”这一点也受到了批评。

这让我非常惊讶。

我认为，稻盛先生“不拿薪水”就任日航会长，是他的“善意”和“侠义之心”的表现。但出乎意料的是，媒体的看法完全不同。

很多媒体不仅没有将其视为“善意”和“侠义之心”的表现，反而将其解读为“稻盛先生缺乏责任感”。甚至有媒体以非常失礼的名称，如“兼职CEO”来揶揄稻盛先生。

不仅如此，关于就任日航会长，就连稻盛先生周围的人也接连发表了一些“负面言论”，大致内容如下。

“稻盛名誉会长如果是60多岁，可能会成功，但77岁的话可能就没有足够的体力和精力了。我很担心稻盛名誉会长的身心健康。”

“日航重建被认为是一项不可能的任务，如果稻盛名誉会长接受了这项任务，却无法成功，这可能就会玷污他的晚节。”

当时，经常听到这样的否定性意见。

换句话说，当稻盛先生担任日航会长时，他周围充斥着关于他的“否定性的语言”。

对于稻盛先生来说，当时可以说处于四面楚歌的状态。

然而，面对这样的言辞和环境，稻盛先生没有任何动摇。

“度过美好人生”的秘诀

“无论发生什么事情，都要**以积极的、善意的方式去解释**，这一点很关键。”

这是稻盛先生人生哲学的一部分。

稻盛先生担任日航会长时，应该就是在实践这条人生哲学吧。

尽管稻盛先生周围充斥着关于他的“否定性的语言”，但他总是充满了积极乐观的精神。在日航的重建过程中，稻盛先生始终在以积极的、善意的方式解释事物。

如前所述，稻盛先生本来就一律不说“否定性的语言”。同样，对于针对他的“否定性的语言”，只要是没有根据的，他就一律不加理会。回想起稻盛先生担任日航会长时的冷静，我就不由得这样想。

“没有航空业经验的稻盛和夫，不可能重建日航，日航的二次破产不可避免。”在当时，稻盛先生几乎每天都听到来自媒体的这种“否定性的语言”。如果每天都听到这样的论调，无论是谁都会变得消极。

在当时充满否定的言论环境中，即使稻盛先生抱怨“为什么我的运气如此之差”，我相信包括我在内，周围的人也不会对他有任何责怪。然而，稻盛先生从未说出“否定性的语言”。

相反，他明确表示“日航的重建是可能的”，从未失去积极乐观的态度。他应该就是在实践**“以积极的、善意的方式去解释”**这条人生哲学。而且，尽管他不领薪水，但他不断指挥、激励日航的干部，比任何人都更为努力地致力于日航的重建。

起初沮丧不安的日航员工们，也渐渐地变得像稻盛先生一样乐观积极起来，投入日航的重建工作中去。

不管身处怎样的环境，都绝不说出“否定性的语言”。

正如前面提到的那样，日航以奇迹般的速度实现重建的原动力正是在这里。

每个人都希望积极乐观地生活。但面对严峻的现实或遭遇不幸的困难时，人们会不自觉地背离现实，不由自主地说出“否定性的语言”。

但是，“否定性的语言”一旦说出口，就一定会回到自己身上。

这不仅会使自己的人生变得黯淡无光，而且会使周围听到这些话的人的人生也变得暗淡。

可能正因如此，稻盛先生才从自己的“字典”中删除了“否定性的语言”。

虽然不可能马上跟稻盛先生做得一模一样，但即便如此，我们仍然可以努力在日常生活中逐渐减少“否定性的语言”。

或许，这就是度过美好人生的秘诀。

6

正因是“胆小鬼”，所以才能做充分的准备

“一流工作”和“二流工作”的区别

“松井先生**在击球训练中最投入的时候是什么时候？**”

稻盛先生向棒球选手松井秀喜先生这样问道。

这是松井先生和稻盛先生的对话中的一个片段，刊登在日本航空的机内杂志 *SKYWARD* 上。其实，这场梦寐以求的对话是我策划的，所以我一直都很期待。

松井先生是一位出色的棒球选手，曾效力于日本职业棒球联盟（NPB）的读卖巨人队和美国职业棒球大联盟（MLB）的纽约洋基队等球队，同时他也以热爱阅读而闻名。虽然我听说过松井先

生喜欢读三岛由纪夫等人的文学作品，但其实不限于文学作品，他还广泛涉猎知名企业家的著作。

松井先生应该也读过数本稻盛先生的著作。

有一天，我在报纸上看到了松井先生的采访文章。从那篇文章中，我得知松井先生读过稻盛先生的书，对稻盛先生的工作和人生态度留下了深刻印象。

读完那篇文章后我立刻就想到，如果是这样的话，为什么不在日航的机内杂志上让松井先生和稻盛先生进行一次对话呢？于是，我通过日航的公关部门联系了松井先生一方，没过多久就得到了积极的回应。

于是，松井先生和稻盛先生的对话在日航位于东京天王洲的总部实现了。

“松井先生在击球训练中最投入的时候是什么时候？”

对于前面提到的稻盛先生的这个问题，松井先生的回答让我印象深刻。松井先生对稻盛先生说：

“是在状态特别好的时候。状态好的时候反而更令人害怕，所以我格外努力练习。”

对我来说，这个答案有点出乎意料。

我无法马上理解“状态好的时候反而更令人害怕”这句话的含义。毕竟，通常情况下，状态不佳的时候才会感到害怕，状态不佳的时候才需要更努力地练习，不是这样吗？这种想法在我脑海中闪过。

松井先生好像看穿了我的心思，接着说了这样一番话：

“在状态很好的时候，本能地就能打出本垒打或安打。球迷也会高兴，媒体也会称赞。但是，状态很好的时间并不会持续太久，所以明天也许就打不出本垒打或安打了，这样一想，我就感到非常担心、害怕。因此，在状态很好的时候，我会更加努力地训练。”

我对两件事情感到惊讶。

首先让我惊讶的是，即使是像松井先生这样的超级击球手，也能谦虚地看待自己的实力。恐怕正是因为一方面拥有极强的实力，一方面又能谦虚地看待自己的实力，他才能成为在日本和美国都享有盛誉的传奇球员。

其次让我惊讶的是，松井先生和稻盛先生在工作哲学方面的共通性。

事实上，像松井先生的这种思维方式，一直以来我都经常从稻盛先生那里听到。

运动员和经营者——松井先生和稻盛先生，立场是完全不一样的。

但即便立场不同，一流的人物应该都会秉持共通的“一流的工作哲学”。那一天，我自然地想到了这一点。

正是因为有“一流的哲学”，所以才有可能实现“一流的工作”。

松井秀喜先生与稻盛先生共通的思维方式

“状态好的时候反而更令人害怕，所以我格外努力练习。”

听到松井先生这番话，稻盛先生显得非常满意，并且向松井先生送上了极高的赞美。

“松井先生**之所以能够取得如此出色的成绩，正是因为他秉持这样的思维方式。**无论从事什么工作，松井先生都能够取得成功。”

稻盛先生似乎从松井先生的话语中感受到了与自己工作哲学的共通之处。

松井先生与稻盛先生当天的对话对我来说意义重大。在那次对话中，松井先生还说了以下一些话，至今仍然让我印象深刻，因为这些话与稻盛先生的工作哲学有着共通之处：

“我觉得顺境极少，反而是逆境更加漫长。但最为重要的是，要脚踏实地不断努力，来获得结果，反复试错，持续不断。”

一流与二流的区别，一定就在于这种态度的不同。

听着松井先生的话，我非常感动。

在职业棒球选手中，有些人一旦状态良好，就误以为这是自己的实力，于是减少训练时间，沉迷于玩乐。据说这样的选手往往无法保持状态，很快就会陷入低谷或者身体出现问题。

即使是像松井先生这样的球员，也觉得“逆境更加漫长”。所以，对于上面讲到的那些选手来说，逆境可能会变得更加严峻和漫长。

以前，我也听过类似的事情发生在相扑界。相扑界有一种说法，如果在赢得冠军后不尽情放纵，赞助商和粉丝就难以增加。

一位关取[①]选手听信了这种说法，第一次赢得冠军后，每天晚上都被赞助会的人邀请，每晚都沉溺于玩乐。结果，他荒废了训练，接下来的比赛失利，最后又出现伤病，不得不提前退役。

对于我们来说，或许应该选择和松井先生一样的态度："状态好的时候反而更令人害怕"。

在千变万化的世界中确保不断前进的方法

"我是个胆小鬼，所以我会提前做好充分的准备。"

我听稻盛先生这么说的时候，远在前面介绍的与松井秀喜先生对话之前。

---

① 相扑的段位。——译者注

就是说，稻盛先生早早就认识到了自己是个“胆小鬼”。

最早从稻盛先生口中听到这句话时，我简直不敢相信自己的耳朵。当然这也难怪。

我所知道的稻盛先生，与“胆小鬼”几乎没有关联。

与“胆小鬼”正相反，我对稻盛先生最初的印象是“积极”“坚定”。因此，那时我真的以为稻盛先生是在开玩笑。

但当我看到稻盛先生的表情时，我觉得他并不像在开玩笑。

恰恰相反，他非常相信自己是个“胆小鬼”，仿佛在劝诫我一般地继续说道：

“正因为是个胆小鬼，所以我会进行周密的准备。你也**应该更谨慎，带着敬畏去工作。**看着你的工作方式，我都感到害怕……”

突然被这样告知，我无法立刻理解当时的事态。因为在我看来，无论做什么工作，我都会按照自己的思路进行充分的准备。

例如，当我开始一个新项目的时候，首先会构建最为理想的整体图景，设定最为高效的计划，以最为合理的方法进行准备。但在稻盛先生看来，我做事的方式过于急功近利，过于强硬，以至于他都感到害怕。

“你或许以为自己考虑得很周全，但你真的考虑到最坏的情况了吗？”

“你想到的最坏的情况，曾令你感到害怕吗？”

“应该更加恐惧、更加谨慎地推进工作。”

确实，稻盛先生说到这个地步，让我开始对自己之前的工作方式产生了怀疑。因为实际上，开始新的项目时，我从未因为“设想了最坏的情况”而感到恐惧。

“乐观构思，悲观计划，乐观实行。”

我在第一章中介绍过，这是稻盛先生著名的经营哲学。

当然，之前我已经多次听闻稻盛先生的这一哲学，但当时我开始意识到，我不过是知道了这句话。在项目开始时，我自以为已经“悲观地计划”了，但这种程度还远远不够。

必须达到感到恐惧的程度，以这样的心态去“悲观地计划”。

我们在工作中恐怕需要达到“恐惧”的状态。

但仔细想一想，这似乎也是理所当然的事情。

这个世界变化无常，无法按计划推进的事情往往占多数。经济形势必定会波动，意想不到的创新也会出现，自然灾害几乎每年都会发生，而像新型冠状病毒肺炎这样的传染病也会出现。

不仅如此，人心也一定会变化。

诸行无常，千变万化，这是世界的常态。

如果没有“恐惧”，不仅不会成功，甚至都无法前进。

“我是个胆小鬼”，在那一刻，我由衷地认同了稻盛先生的这句话。

“因为是‘胆小鬼’，所以能不断前进”

在工作中，我们“必须能感到恐惧”。

观察稻盛先生的工作方式，就会非常清楚地理解这一点。

稻盛先生经常被邀请发表演讲。对于不熟悉稻盛先生的人来说，他们也许会认为：“稻盛先生已经习惯了演讲，所以在演讲前应该不需要做太多准备吧？”

但实际情况却完全不同。

正因为恐惧，所以事前就会做好充分的准备。

很多人或许会感到惊讶，但稻盛先生会在演讲的数月前就开始准备。然后，他会亲自撰写演讲稿。自己应该说的话、应该传达给对方的信息，他会用自己的语言一行一行地认真写下来。最后，演讲当天，他会早早起床，对演讲稿进行最后的检查。

这完全就是“因为恐惧，所以事前就做了充分的准备”。

不以忙碌为借口，对任何事情都绝不偷懒，这种姿态在演讲准备中同样一以贯之。

不过，在这里我要澄清的是，请不要混淆“恐惧”和“胆怯”这两个词。虽然这两个词表面上看起来相似，但它们有完全不同的含义。

“恐惧”是指，预见最坏的情况，为了回避它并实现目标而采取慎重准备的“积极态度”；相比之下，“胆怯”是指，一味害怕最坏的情况却不采取任何措施的“消极态度”。

换句话说，正是因为“恐惧”，所以我们才能不断前进。

就像害怕黑暗一样，如果只是因为害怕就一味站在原地，就什么事也开始不了。

正是因为恐惧黑暗，所以即使不顾体面，甚至匍匐在地，也要扎扎实实地向前进，哪怕只是前进一毫米或一厘米。我认为，只要这样去做，那么即使是在黑暗中，也能够安全到达目的地，而不会掉入陷阱。

虽然这只是一种比喻，但我认为，这应该就是稻盛先生工作人生的一个侧面。

什么才是领导者必须具备的“斗魂”

“领导者需要像格斗家一样的斗魂。”

稻盛先生曾这样教导我。

也许有些读者对于“格斗家”和“斗魂”这些分量较重的词语感到惊讶。

如前所述，稻盛先生会借各种机会向我传授诸如“领导者应有的姿态”等内容。这个时候，稻盛先生也是在教我“领导者的要诀”。

稻盛先生说的是，我们在工作中“必须能感受到恐惧”，这是对话的背景。然后，稻盛先生补充说：“但是，领导者**即使感到恐惧，也不能流露出害怕的表情。**”为了不显示出害怕，领导者需要拥有“像格斗家一样的斗魂”。

“只要是优秀的格斗家，都具备斗魂。但事实上，我听说，即使是以赢得比赛为目标进行了严格训练的拳击手，**在登上擂台之前也会全身颤抖，感到害怕。**”

这让我有些吃惊。

因为我一直认为，所谓拳击运动，就是无所畏惧的勇者彻底展现出斗魂，努力击倒对手。然而，当我听到稻盛先生的话时，我意识到即使是卓越的格斗家也会“恐惧”，更何况，“恐惧”恐怕就是成为卓越的格斗家的必要条件。

稻盛先生继续说道：

“然而，卓越的格斗家尽管会感到恐惧，但一旦比赛开始，他们就决不会表现出丝毫害怕。即使受到猛烈的击打，他们也会毫不动摇，坚持战斗。

“因为一旦流露出一点害怕的迹象，或者在受到击打后显得被动，对手就会利用这一点，持续进攻。最终会导致比赛失利。”

最后，稻盛先生重复了上述要诀，结束了谈话。

“工作也一样。领导者**即使感到恐惧，也不能流露出害怕的表情。**”

越是在严峻的环境中，决不言败的斗魂就越是必不可少的。

但正如我之前所讲，单纯的咄咄逼人并不会让人取得理想的成果。我们需要预见最坏的情况，感受到恐惧，并做好万全的准备。但即使准备得再充分，因为是人，所以关键时刻也会感到害怕，这很正常。

然而，如果是领导者，就绝对不能显露出害怕的神情，因为这会影响整个组织的士气。

这种胸怀才是领导者所需要的“像格斗家一样的斗魂”。

“不显露不安”的技巧

“领导者即使感到恐惧，也不能流露出害怕的表情。”

稻盛先生曾经用实际行动向我昭示了这一点。

那是在日航重建的时候。

当时，稻盛先生一定也曾不止一次地自我告诫：“领导者即使感到恐惧，也不能流露出害怕的表情。”到了今天再回想起来，我觉得当时一定如此。因为正如前面提到的那样，当时稻盛先生正身陷四面楚歌之境。

稻盛先生当然也会感到不安。

然而，稻盛先生从未说过一句“否定性的语言”。回想当时的情景，还不止于此。

稻盛先生从未流露出不安神情，一次也没有。

当时我之所以没有感到稻盛先生有任何不安，可能仅仅是因为他“即使恐惧，也决不表现出来”。我认为正是在这一点上，可以看到稻盛先生“像格斗家一样的斗魂”。

稻盛先生一直以充满自信的态度不断强调：“**日航的重建一定会成功。**”作为领导者，他的这种积极且坚定的姿态不仅给我，也给日航员工带来了很大的安全感。

但实际上，在稻盛先生麾下参与日航重建的我，当时内心充满了不安。

如果无法完成自己的任务，不仅会给稻盛先生带来困扰，还会给日航员工，甚至京瓷带来巨大的麻烦。这让我感到非常担忧，有时甚至手脚发软。事实上，有时候我甚至连续几天无法入睡。

然而，在日航员工面前，我从未流露出任何不安的神情。

作为会长助理，为了日航的重建，我必须按照稻盛先生的教导行事。但这正是说起来容易做起来难的事情。我记得，为了不流露出恐惧的表情，我当时意识到需要拥有一种我自己的“斗魂”。日航的重建过程充满了艰难困苦，但正因为稻盛先生这位领导者没有流露出任何不安，日航的员工才会始终追随，直到成功。

“领导者即使感到恐惧，也不能流露出害怕的表情。”

我认为，这句话对所有领导者都有用。

7

心里想坏事，人生就会走向坏的方向

始终产生“良好结果”的方法

“心里想坏事，坏事就会发生。”

有一次，稻盛先生回忆起自己的童年时光，说了这样的话。

我与稻盛先生都来自日本的鹿儿岛。

而且，非常巧的是，我与稻盛先生一样，都出生和成长在鹿儿岛市的药师町。这个小镇非常小，所以我和稻盛先生上的小学也一样，叫作西田小学。

现在回想起来，这真是一种奇妙的缘分。

当我加入京瓷时，虽然早已知道稻盛先生也来自鹿儿岛，但我绝没有想到，我们不仅出生于同一个小镇，还上过同一所小学。进公司不久之后，我从亲戚那里得知了这一点，当时非常吃惊。

我和稻盛先生相差 22 岁。

他是战前出生的，而我是战后出生的，我们成长的时代和环境完全不同。然而，我对稻盛先生对待生活和工作的思维方式有很多朴素的共鸣，或许部分原因是我们曾在相同的风土文化和教育环境中成长与学习。

成为稻盛先生的秘书后，我曾经告诉他，我也出生和成长于药师町，也曾就读于西田小学。当时，稻盛先生非常吃惊。也许是因为这份同乡之情，从那以后，稻盛先生经常会与我分享他童年的往事。

“心里想坏事，坏事就会发生”——这句话，就是稻盛先生在分享这些往事时所说的。

那是太平洋战争接近尾声的时候，当时稻盛先生 12 岁。

那时，稻盛先生一家居住的药师町地区暴发了肺结核疫情。当时，与其他疾病相比，肺结核的致死率非常高，甚至被称为“必死之病”，非常可怕。

不幸的是，与稻盛先生同住的叔叔感染了肺结核。

据稻盛先生说，“我知道肺结核通过空气传播，所以**我避免接近叔叔**，因为我担心我也会被感染。”然而，稻盛先生的父亲和哥哥，明知会有感染的风险，却仍然竭尽全力地照顾叔叔。

然而，意外的事情发生了。

照顾叔叔的父亲和哥哥没有感染肺结核，反而是稻盛先生感染了。

稻盛先生说，那时他第一次意识到了“死”这件事。

当时的稻盛先生还只是一个 12 岁的少年，**“为什么只有我感染了肺结核”**“我会死吗”这样的问题他一定在内心认真思考过，并为此烦恼过。在咒骂命运的同时，他一定强烈希望能活下来。

就在那时，稻盛先生从邻居那里得到了一本书。

看到这个 12 岁的男孩感染肺结核，恐怕是心生怜悯吧，所以那位邻居在给他书时说：“这本书写得很好，你可以读一读。”

书中的一句话为稻盛先生的人生带来了转机。

使用让工作和人生顺利进展的“思维方式”

“在人生中，内心所想的事情会作为现象显现出来。”

与这句话的邂逅，为 12 岁的稻盛先生带来了转机。

首先，邻居送的是一本有关精神和哲学的书。

那不是一本 12 岁的孩子容易理解的、内容浅显的书。然而，当时的少年稻盛心中充满烦恼，所以据说他如饥似渴地读完了那本书。

于是，他读到了开头的那句话。

“在人生中，内心所想的事情会作为现象显现出来。”据稻盛先生说，他在看到这句话的瞬间不寒而栗，意识到现在的自己正如此言所示。与这句话的邂逅，改变了一个充满烦恼的 12 岁少年的内心，让他重新焕发了生机。

因为想着坏事，所以坏事就会发生。

那么，要度过美好人生，应该怎么做呢？是不是必须像父亲和哥哥那样，拥有善良的思维方式呢？

“想好事，做好事，那么好事就会发生。”

这句话是稻盛先生人生哲学中有名的金句。

“在人生中，内心所想的事情会作为现象显现出来”，听到稻盛先生的这句话后，我紧接着想起了他的这条人生哲学。12 岁时罹患肺结核，在苦闷烦恼之中，邂逅了这句话——通过那次经历，稻盛先生或许已经将这条人生哲学的雏形铭刻在心底了。

在聆听稻盛先生的讲述时，我还记得自己当时就是这样想的。

人生由内心如何描绘而定

“内心描绘什么，人生由此决定。”

稻盛先生继续说道：

“我明明一直受到叔叔的照顾，但那时我不但没有露面，还只顾保护自己，躲避叔叔。而父亲和哥哥则无私地照顾着叔叔，希望他早日康复。

“结果，最后只有我感染了肺结核。一定是因为我只关心自己，只有利己的想法，才导致这样的结果。

“心里想坏事，坏事就会发生。”

稻盛先生以这句话为结尾。

听着稻盛先生的讲述，我觉得自己触达了他人生观的原点。

“想好事，做好事，那么好事就会发生。”

稻盛先生提炼出的这一条人生哲学，在某种程度上，可能是一种严厉的教训。我觉得，自己很难达到这个境界。

不管陷入多么不幸的境地，都不能产生恶念，必须秉持良善而非利己的想法，不断努力。这不仅是为了“把工作做得更好”，也是“度过美好人生”的基础。对于像我这样心志脆弱的人来说，这可能是一种严厉的教训，但无疑也是真理。

这种成功哲学从反面来看，同样也是真理。“心里想坏事，坏事就会发生。”思考稻盛先生的这句话，我们也可以得出以下结论：

“想坏事，做坏事，坏事就会发生。”

这样去想，我们就可以把这句话视作自己的路标，防止自己麻痹大意，落入失败的陷阱。

实际上，我自己之所以能够太平无事地走到今天，没有被不良的思想所困扰，很大程度上要归功于稻盛先生所赐予的种种教诲。

8

关注艺伎，她们就会高兴，客人也就会高兴

“与他人共事”的规则

“为什么你这家伙就不能为艺伎小姐倒酒呢？”

在一次宴会上，坐在我旁边的稻盛先生严肃地盯着我，低声说道。

这句话让我瞬间清醒过来。

当时我已经担任稻盛先生的秘书好几年了。那天，公司在一家老字号料亭[①]招待重要客户。我很幸运，有机会陪同出席。

① 一种日本传统的高级餐厅。——译者注

不仅仅是京瓷，京都的企业在招待重要客户时，经常会选择位于东山和祇园等保留着京都历史文化特色的地方，以便客户能够享受京都特有的文化。

我们希望，在充满历史风情的京町屋的包间里，客户可以在品味京都传统待客之道的同时，享受使用京都新鲜食材制作的传统料理。在这里，客户能够通过五官来感受丰富的京都文化，因此无论是来自海外的客户，还是来自东京或大阪的客户，甚至是京都本地的客户，都会感到非常满意。

有时，我们还会在宴会上邀请艺伎，她们会伴随三味线的长歌演奏，为客户献上京都的传统艺术——京舞。

顺便说一下，很多人对艺伎的职责有误解，认为她们的工作只是款待客人，但实际上她们也是京都传统文化的传承者。因此，有经验的艺伎不少已经年过六十或七十了。

京舞受到能乐和文乐的影响，是一种高雅而优美的舞蹈。

这些舞蹈是由每天努力练习的艺伎表演的，即使我对艺术一窍不通，也深受感动。事实上，当艺伎表演京舞时，宴会不仅变得更加精彩，还充满了愉悦的氛围，人们满足而感动。

那天，我们请了几位艺伎小姐，招待重要的客户。

为了让客户们尽可能开心，稻盛先生一方面爽朗亲切，充满笑容，另一方面事无巨细地关注客户的需求。由于客户都比我年长，我虽然紧张，但还是想尽自己的全力去服务好他们，于是走过去为他们倒酒等，努力活跃现场的气氛。

忙完一段以后，我回到自己的座位，正准备开始吃点东西，一位艺伎却恰到好处地走到我这里，为我倒酒。我觉得她真是个伶俐的艺人，于是高兴地让她斟酒。

就在这个时候，旁边的座位上传来了稻盛先生压低的声音。

“为什么你这家伙就不能为艺伎小姐倒酒呢？”

在这一刹那，我对京舞的兴奋和对美酒的沉醉荡然无存。

体现“一流的关注”

在招待会上被稻盛先生责备，其实这已经不是第一次了。

之前，在与一位重要客户的宴会上，我也曾受到类似的责备。

但是，稻盛先生这次的责备对我来说却有些出乎意料。

正如前面所说的那样，那天我自认为已经尽力地关注了客户，自认为已经细致入微地招待了客户。

事实上，客户看起来也非常满意。正因如此，艺伎小姐才会为我倒酒。我当时完全不明白自己为什么需要“为艺伎小姐倒酒”。

现在回想起来，这一点其实体现出我作为一个专业人员的不成熟之处。稻盛先生应该就是在提醒我注意这种不成熟和不周全。事实上，正是因为受到了稻盛先生的责备，我才痛切地感受到了自己的不足。我觉得，就是在那一天，我学到了与他人共事的重要道理。

幸运的是，那天宴会的气氛非常热烈，宴会顺利结束。

艺伎小姐的京舞，料亭的京都料理，还有来自京都的美酒，再加上愉快的谈话，使客户看起来非常满意。看着客户带着笑容向我们告别，坐上汽车，渐行渐远，我看到了稻盛先生松弛下来的表情，那情景令我印象深刻。

“为什么你这家伙就不能为艺伎小姐倒酒呢？”同样的责备，我那时已经从稻盛先生那里领受过好几次了，所以在宴会结束后，我决定回到“原点”，重新思考。我回到家后，反省了自己那一天的表现。首先，为什么我们要花费高昂的费用，邀请艺伎来宴会呢？

答案很简单。

我们衷心希望客户能够从心底感到高兴和满足。

我们不仅希望客户可以享受美食和聊天，还希望通过邀请传承京都传统文化的艺伎，让客户欣赏到京都传统艺术京舞。艺伎小姐们的舞蹈表演如前所述，非常成功。实际上，因为艺伎小姐们表演了京舞，客人们都收获了愉悦的感动。

正因如此，我们才花费了高额的费用，邀请了艺伎。

突然，我想起了稻盛先生低头为艺伎斟酒的场景。

那一刻，我终于意识到了自己的不成熟和不周全。

不仅是客户，艺伎对我们也很重要。

正因如此，我才必须“为艺伎小姐倒酒”。

“说出感谢的语言”是一项重要的工作

“谢谢您。”

而且，稻盛先生是一边对艺伎小姐说着感谢的语言，一边为对方倒酒的。

尽管在席间我看到了稻盛先生的如此举动，但之前的我并没有特别在意。这是因为，“经营者稻盛和夫”当时在京都已经是相当知名，几乎无人不晓的了。

当然，艺伎小姐们也都知道稻盛先生是京都经济界的重要人物。

稻盛先生为艺伎小姐们倒酒，可能是出于身为名人，不希望现场氛围太过沉闷的考虑。那时，我是这样想的。

“谢谢您”“谢谢您”“谢谢您”。

我还想起了稻盛先生在宴席上对每一位艺伎小姐都一边说着感谢之词，一边为其倒酒的场景。

我不禁倒吸一口冷气，因为我终于意识到了重要的事情。

在招待客户时，艺伎小姐们可以说是“京瓷团队”的重要一员。

她们明白自己的角色，竭尽全力地招待贵宾。因此，对于像艺伎小姐这样的团队成员，由衷地表达感谢并为她们倒酒，那是理所当然的。我之前没有对艺伎小姐们表示感谢，也没有表达赞赏之情，完全没有付出这理所当然的关心。

在我身上，缺乏像稻盛先生一样的感谢之情。

“我们花费了很多钱，所以让她们为我们倒酒理所当然。”我内心深处曾有这样的傲慢想法。因此，稻盛先生一边口吐感谢之词，一边心怀感谢地为艺伎小姐们倒酒，但我却完全没有这种想法。

为我倒酒的艺伎小姐，不仅招待了重要的客人，还为我们表演了精彩的舞蹈。也许，她稍微有些疲倦，所以来到了我这个“京瓷团队”成员的座位旁。

如果那时我能为她倒酒，说句赞赏的话，甚至像稻盛先生一样口吐感谢之言、表达感谢之情，也许她就更能精力充沛地服务客人。

然而，我没有意识到这一点，继续让艺伎小姐为我倒酒。

所以，艺伎小姐们没能得到喘息的机会。当然，作为一流的艺伎，这样的疲态她们根本不会表现出来，而是会努力让宴会的氛围更加热烈。

“为什么你这家伙就不能为艺伎小姐倒酒呢？”

还是稻盛先生的这句话，让我终于意识到了这件重要的事情。

“吸引客户的工作”具有的共通点

“谢谢”这个词就像稻盛先生的口头禅一样。

现在回想起来，每天和稻盛先生一起工作，我从他那里听到最多的词应该就是“谢谢”。

事实上，无论是女性秘书给他端茶，还是员工按住电梯的开关按钮这样微不足道的事情，稻盛先生都一定会注视着对方的面庞，微笑着说出“谢谢”，表达感谢之情。

对方越是辛苦，稻盛先生的感谢之情也就越浓烈。例如，当员工成功汇报完成了某大型项目时，他会一边合掌，一边说出“谢谢”加以慰问，这样的场景我经常看到。

不忘感谢之情，通过“谢谢”这个词，用语言将这种心情传达给对方。

这可能是一件微不足道的事情，但关爱对方的态度能够为人注入巨大的能量，让人产生“以后还想与这个人一起工作”的积极想法。仅仅是向对方表达感谢之情，就能引发“正向循环”，这样的事情并不罕见。

恐怕正因如此，稻盛先生才能于公于私都一帆风顺吧。

“为什么你这家伙就不能为艺伎小姐倒酒呢？”这句话实际上是在说“你为什么不能表达对艺伎小姐的感激之情呢”。

可以说，这种感谢的姿态，在日常工作中也同样起作用。

如果想要为客户提供出色的产品和服务，那么就不仅要关心客户，还要关心努力工作的团队伙伴。正是因为团队伙伴能够愉快地工作，才能够提供让客户感到满意的产品或服务——应该也可以这样去解释吧。

就像我被稻盛先生提醒的那样，我觉得许多人似乎都没有意识到感谢的重要性。而且，有些人可能还会对团队伙伴的工作吹毛求疵，稍不如意就大发牢骚。

这样的态度不会赢得人们的支持。作为一个职业人士，这种态度不仅无法获得成果，也无法让人成长，更无法吸引客户，这毫不奇怪。

当我理解了稻盛先生的真意时，感谢之情油然而生。

奇迹般的语言

15句话带来人生转机

稻盛和夫

明日からすぐ役立つ
15の言葉

第三章

稻盛和夫关于“做出正确判断”的2句话

9

用“作为人，何谓正确”做出判断，就不会出错

“提高判断力”的思维方式

“应该以怎样的态度度过人生？”

“应该以怎样的态度推进工作？”

这些问题可以说是我们在生活和工作中面临的大命题。

在创办京瓷之前，稻盛先生曾在绝缘瓷瓶厂家松风工业担任技术开发员，据说从那时起他就开始思考这类大命题，并在纸上记录下自己的思想要点。

在创办京瓷之后，稻盛先生又对人生、工作和经营持续产生新的

觉察，于是不断增添记录。这些内容最终被整理成了“京瓷哲学”（Kyocera Philosophy）。

“Kyocera Philosophy”中的“Philosophy”这个英文单词，直译就是“哲学”的意思。

但这里所说的“哲学”，似乎指的是稻盛先生“通过实践所证得的生活哲学和经营哲学”。稻盛先生是企业家学习型组织“盛和塾”的塾长，这个“京瓷哲学”后来被结集成书，面向盛和塾的塾生出版发行。

因为京瓷的全体员工都被分发了“京瓷哲学”的摘要版本“京瓷哲学手册”，所以员工们在日常工作中就自然而然地熟悉了稻盛先生的人生观、工作观和经营观。

“京瓷哲学手册”内容简洁明了，易于阅读。

不仅是我，公司的所有员工都非常热衷于阅读它。事实上，在公司的聚会上，“京瓷哲学手册”中的内容也经常会成为话题。

总之，通过“京瓷哲学手册”，京瓷的员工能够自然而然地将稻盛先生通过实践所证得的人生哲学和经营哲学融入自己的生活中。同时，我觉得“京瓷哲学手册”还能够让所有员工共有人生观、工作观和经营观。

从这个意义上看，首先可以这么说：“京瓷哲学”是京瓷成长和发展的一个重要动力。

我在大学毕业后作为新员工加入了京瓷，所以我认为京瓷的这种企业文化是理所当然的。也就是说，当时我模糊地认为，无论是哪家日本企业，员工都应该有共同的价值观。

然而，后来我了解到，有的企业尽管规模很大，但员工几乎没有共有人生观、工作观和经营观。如果经营得当，这可能不是问题，但因为没有共同的价值观，所以这些公司的经营不太可能顺利。实际上，在那种公司的工作现场，无法感受到人们对彼此的认同和活力。

大约 10 年前，破产时的日航就是这个样子的。

“哲学”——最大限度激活人才的思维方式

“遵守承诺是作为人应该做的正确之事，但你们大家都做到了吗？”

这句话不是稻盛先生说的，是我对日航的高管们说的。

我不得不使用这种强硬的措辞对高管们说话，是因为在日航重建的初期，现场情况极端混乱。

如前所述，2010 年日航破产，稻盛先生被委以重建任务，而我被任命为会长助理，加入日航，主要负责日航意识改革方面的工作。

虽然担任了职务，但我与稻盛先生一样，对航空业一窍不通。为了推动意识改革，首先需要了解日航的实际情况。因此，我尽量到现场考察，听取大家的意见。

结果，我逐渐了解了日航内部的情况。

当时，日航内部充满了相互之间的不信任感，情况非常严重。干部怀疑员工的热情，员工怀疑干部的经营能力，各个部门互相怀疑对方的诚意，这种情况层出不穷。

在这种环境下，我们完全不能期待日航内部具有互相帮助的认同感和活力。换句话说，即使面对濒临破产的危机，日航内部不仅没有团结一致，努力改善经营，反而相互拖后腿，这就是当时的实情。

然而，通过听取意见，我也逐渐认识到日航拥有许多优秀且认真的员工。因此，最初我对这一情况感到非常困惑。尽管有这么多优秀的员工，他们也都在努力工作，但在这个组织中，几乎感觉不到团队精神，这难道不是导致日航破产的根本原因吗？我逐渐开始这样思考。

然后，我发现当时日航最缺乏的就是“哲学”。

要重建日航，需要整个集团团结一致。这一点必不可缺。

为了做到这一点，就应该明确所有员工都应共有的价值观，也就是“哲学”。所以，我认为首先应当制定“日航哲学”，并建立一种教育机制，使得全体员工能够共有这一哲学。这就是我当时的想法。

于是，我迅速整理了自己的这个想法，将其作为日航意识改革的基本思路向稻盛先生汇报。稻盛先生立即表示了理解，所以我下定决心，决定尽快着手制定“日航哲学”。

然而，麻烦从这里才刚刚开始。

这是因为当时的日航有许多自尊心很强的干部，对于稻盛先生这位航空业外行，他们的反感情绪仍然非常强烈。

事实上，制定“日航哲学”的工作，一开始进展得非常缓慢。

有人反驳：“稻盛会长，这不是理所当然的事吗？”

“以‘作为人，何谓正确’进行判断。”

这句话也是稻盛先生人生哲学的金句之一。

稻盛先生经常在各种场合下说这句话。

在赴任日航约一个月时，在某次与干部的会议上，稻盛先生一开场就说了这句话。我记得当时他是这样说的：

“只要用‘作为人，何谓正确’来判断就行了，这样做就不会出错。”

因为我理解这句话中所包含的“哲学”，所以当即点头表示理解。

但意想不到的事情发生了。

日航的干部中竟然有人对稻盛先生提出了反驳：

“稻盛会长，这不是理所当然的事吗？我们日航一直是根据自认为正确的方式进行判断的。”

老实说，我当时简直不敢相信自己的耳朵。

难道这就是导致公司破产的干部说出的话吗？我当时真的非常惊讶。

如今再想想，这或许也是可以理解的。那位干部当时还没有深刻理解稻盛先生的“哲学”，因此没有深入思考这句话。

然而，令我更惊讶的是，那位干部继续对稻盛先生提出了反驳：

“稻盛会长，您是不是怀疑，我们日航一直是根据错误的方式进行判断的？”

这位干部的讽刺和挖苦让我再次不敢相信自己的耳朵。

说实话，我当时感到非常不快，因为这种言论对新上任的会长非常失礼。

令我不快的不仅仅是这一点。或许是因为对于稻盛先生这位航空业外行的反感情绪仍然很强，对于这番言论，日航的干部中也有不少人点头同意。

稻盛先生沉默着，若有所思。

然而，作为新任的会长助理，我不能保持沉默。

于是，面对日航的干部，我说出了前面提到的那句话。

“遵守承诺是作为人应该做的正确之事，但你们大家都做到了吗？”

听到这句话，日航的干部们都一脸狐疑地看向我。

我继续说道：

“日航的各位，你们是不是没有遵守‘经营计划’这一承诺？作为人，你们连遵守承诺这一理所当然的事情都没有做到。正因如此，日航才会破产，不是吗？”

日航的干部们全都默不作声，低头不语。

尴尬的沉默笼罩了会议室。但现在回想起来，我还是认为当时不得不那么说。

找到在任何人看来都正确的“最终答案”

“不能用‘谁谓正确’进行判断。”

在前述的会议上，稻盛先生打破了令人尴尬的沉默，平静地说出这番话。

日航的干部们收起了之前的反抗态度，侧耳倾听。

稻盛先生继续平静地说道：

“不能因为自己认为是对的，就判断为正确。不是谁看来是正确的，而是**在任何人看来都是正确的，应该有这样一种东西。**这就是‘作为人的正确之道’。

“比如说，有两个人在争论。一个坚持自己是正确的，另一个也坚持自己是正确的。**在这样的情况下，不可能得出真正正确的结果。**

“不是思考是自己对还是对方对，而是要思考什么才是正确的，必须思考那些普遍正确的、**在任何人看来都正确的东西。那是一定能找到的。**”

说到这里，稻盛先生停顿了一下。

然后，对着之前反驳过他的日航干部，稻盛先生如同谆谆教导一般，以柔和的语气说道：

“我认为日航的干部们一直认为他们在做正确的事情，这是事实。但是，这种‘做正确的事情’的认知是否普遍？是否在任何人看来都是正确的？也就是作为人，是否正确？我不确定。”

那位干部专注地看着稻盛先生，仔细聆听。

稻盛先生又转向所有的日航干部，继续说道：

“但我认为，**正是因为没有把作为人该做的事情做好，日航才会破产**。尽管日航曾对政府和金融机构做出过郑重的承诺，但连这些承诺都未能兑现。

“换言之，就是连作为人，应该普遍遵守的‘遵守承诺’这件事都没有做到。这难道不是导致破产的原因吗？日航的每位干部都应该真诚地接受这一点并做出反省，这将是重建的开始。”

会议室陷入了寂静。

可以说，这一刻，稻盛先生的“哲学”开始渗透到日航的干部身上。

如何让组织产生“认同感”和“活力”

“今后的日航，**应该做出在任何人看来都正确的判断。**”

在一片寂静的会议室里，只有稻盛先生的声音在回荡。

“是不是在谁看来都是对的？必须在这样不断的自问自答中做出判断。简单来说，**是否可以不掺杂私心地思考**，是否能够将自己抛开进行思考。

“说得更极端一点，**‘把自己牺牲掉’，是否可以思考到这个份儿上。**因为只有思考到如此认真的程度后还认为正确的事情，才可能是在任何人看来都正确的事情，也就是说，只有这样才称得上是作为人的正确的判断。”

稻盛先生以这样的内容结束了讲话。

当然，当时就不再有人对稻盛先生表示反对了。

我至今仍然清楚地记得那时的情景。因为那是我加入日航以来第一次亲身感受到这个组织的团队精神。

日航的重建终于要开始了。

在日航启动意识改革之后，重建的速度超出了预期。

一旦理解，工作的速度就很快，这可以说是日航干部和员工的长处。

在大约 10 个月之后的 2010 年年底，我们参考了稻盛先生的经营哲学，成功地编制了包含 40 条内容的“日航哲学”。考虑到即使是“京瓷哲学”也花了 3 年的时间来编制，这个速度可以说是惊人的。

然后，我们迅速展开了“哲学”教育，不分工种、职位或雇用方式，所有日航员工都要共有这个“哲学”。日航内部曾经极度缺乏的“哲学”，从那时起开始逐渐扎根。

实际上，通过全员共有的共通价值观，以前在日航的工作现场无法感受到的互相帮助和团队精神开始形成了。与此同时，过去充斥于公司内部的相互之间的不信任感也逐渐消解了。

此外，一度被认为牢不可破的干部和员工之间、部门与部门之间的壁垒也消失了，组织变得更有活力。

事实上，开始进行“哲学”教育后不久，公司内部传来了这样的声音：

“有了日航哲学，我们清楚地看到了我们应该追求的未来日航的形象。”

“通过日航哲学，不同工种和职位的人可以坦诚地讨论问题，并共有了价值观。”

日航显然发生了变化。

整个日航集团开始团结一致，重建工作取得了巨大的进展。

如果你对“日航哲学”感兴趣，可以访问日航的官网，查看“日航哲学”的所有项目。

“以‘作为人，何谓正确’做出判断。”

这句话不仅成了推动日航重建的契机，而且现在已经成为“日航哲学”第 1 部第 2 章的卷首语。

“先等一等”——正确判断的方法

“孩童时期，**我们从父母和老师那里学到了普遍的道德规范，只要以此为基准就行。**”

关于“作为人应该做的正确的事”，稻盛先生经常会这样说。

过去我们学到的“普遍的道德规范”，现在回想起来，都是些理所当然的事情。

例如，“不能撒谎”“始终保持诚实”“帮助需要帮助的人”“努力奋斗”“为他人做贡献”等，都是一些非常基本的道理。

的确，在这个意义上，这些可以说是在任何人看来都正确的事情。

稻盛先生指出，这些理所当然的内容就是“作为人应该做的正确的事”。所以，他认为，只要以这些“理所当然的事情”为基准进行判断就可以了。

当这样写出来时，读者可能会觉得这些都是再普通不过、理所当然的事情。

然而，人是脆弱的存在。

一旦涉及实际生活，这些“理所当然的事情”就不再那么理所当然了。

实际上，人在工作中会受到各种偏见的影响。

即便想要以“作为人，何谓正确”来判断，但由于各种偏见的干扰，“理所当然的事情”往往变得不再理所当然。

我也一样，在试图根据“作为人，何谓正确”来判断时，经常会产生以下疑虑：

“这个判断以前是否有先例？”

“我的上司会赞同这个判断吗？”

“这个判断是否会带来很多困难？”

“这个判断是否能够带来足够的利益？”

在实际生活中，我们会面临各种障碍。

尽管想要以“作为人，何谓正确”来判断，但我们经常会感到迷惑。

因此，在做出重要判断时，可以考虑“先等一等”。

其实，这也是我从稻盛先生那里学到并正在实践的方法。

在做出重要判断之前，首先要承认自己作为人的脆弱性，先稍作停顿，思考这是不是“作为人应该做的正确的事”。令人意外的是，通过这种方式来判断，迷惑就会消失不见。

实际上，这种方法非常有效，在日航的重建过程中也发挥了很大的作用。

然而，在日航的重建初期，尽管员工们在工作现场试图依据“作为人，何谓正确”来做出判断，很多人也会遭遇困惑。为了让“日航哲学”渗透到工作现场，我也进行了大量的试错和努力。

在接下来的段落中，我将以一个实际发生的故事为例来进行介绍。

“共有价值观”改善一切

“用‘作为人，何谓正确’去判断，具体究竟指什么？”

有一次，一位客舱乘务员问了我这个问题。

那是日航重建刚刚开始的时候。

当时，正是“日航哲学”逐渐渗透到日航的工作现场的时候，日航正处在从破产到重建的过渡期。在现场的员工中，有不少人对日航的变化感到疑惑。

特别是那些负责客户服务的乘务员，似乎特别疑惑。这是因为日航的客户服务中有“手册至上主义”的倾向，甚至被批评为“殷勤无礼”。

一直以来，乘务员们每天都根据日航详细的工作手册来开展工作。换句话说，他们每天都根据日航的工作手册来做出工作判断。因此，对于“要自己做出判断”这一思维方式，他们可能并不习惯。

更何况,“日航哲学”中有“以‘作为人，何谓正确’做出判断”

这个内容，语言读起来有点复杂。不难想象，对于那些乘务员来说，可能感觉很违和。因此，有的乘务员就会像她这样提出上述问题。

“日航哲学”与日航以往的文化截然不同。我想尽量以简单明了的方式来解释，于是说：

“例如，如果在飞机上有一位客人看起来不舒服。那么，你应该会上前询问‘您不舒服吗’‘需要一条毛毯吗’，尽力照顾对方。也就是说，如果有人遇到困难，就去帮助他们。这就是以‘作为人，何谓正确’来进行判断。”

我觉得自己已经说得很简单易懂了。

然而，那名乘务员的回答却让我难以置信。

“服务的原则是平等对待所有客户，不能偏袒特定的人。”

我听到这句话的时候非常吃惊。与此同时，我也隐约开始理解为什么日航的客户服务会被批评为“殷勤无礼”。

为了与这位乘务员共有价值观，我继续说道：

以“哪个才是正确的为人之道”作为选择基准

“想象一下，在医院的诊室前，有很多患者排队等候。”

为了让她更容易理解，我给她假设了一个场景。

当时，不仅对那位乘务员，而且对于所有日航员工，我都非常渴望与他们共有价值观，并为之全力以赴。

“突然，一位母亲抱着一个虚弱的孩子冲了进来。一位护士说，‘医院的原则是要平等对待所有患者，不能特殊对待某个人’。

“但另一位护士察觉到孩子的情况相当严重，她说：‘再晚就来不及了，马上让医生看看吧。’于是把这位患者直接带进了诊疗室。

“那么，正在等待的患者们会认为哪位护士更好呢？很可能会选择后者吧。因为后者并没有拘泥于工作手册，而是做出了作为人应该做的正确判断。大家也应该一样，只要依据自己认为正确的为人之道去做就行了。”

那位乘务员听完我的解释后虽然说“我明白了”，但似乎并没有完全理解。可能是因为当时“日航哲学”的教育才刚刚开始，她仍然受到日航之前所奉行的“手册至上主义”的影响。

然而，人是会变的。

一年之后。

某一天，我在一次哲学教育的研讨会上偶然见到了她。她一见到我就露出笑容，突然开口说：

“现在，我最喜欢的哲学条目是用‘作为人，何谓正确’做出判断。”

那一刻，我觉得员工之间共有了作为人应该具备的正确价值观，我再次感受到了其中的美好。

10

不想得罪人的人，最终是无法把事情做好的

不为人际关系烦恼的心得

“大田，你这家伙**是不是有一个错觉，认为维护下属是上司的职责？**”

在一次报告会上，稻盛先生突然这样问我，让我不知所措。

的确，稻盛先生的话正中要害。

在那之前，我一直认为，不管在什么情况下，如果想成为理想的上司，想成为一个受欢迎的领导者，就应该保护下属。如果下属犯了错误，那么责任最终归属于管理责任者，也就是上司。所以，我一直认为，下属的错误必定就是上司的错误。

在那个报告会上，稻盛先生就凭我当时唯一的一句发言，看透了我的这种想法。于是，他在那个时候就说出了前面的那句话，指出了我对于上司这一角色的误解。他恐怕是感受到有必要进行恰当的指导了吧。

这次报告会是由京瓷举办的一次中等规模的招待会，大约有 50 人参加，旨在向稻盛先生汇报工作进展。这个招待会的目的是招待一直对我们关照有加的重要人物，加深与他们之间的友好关系。

整个招待会的准备和举办都由我负责。我为秘书室的下属和其他相关部门的员工各自分配了不同的工作，以完美无缺的准备等待会议的到来。具体来说，工作分为“招待名单的制定”“邀请函的制作和发放”“招待会流程表的制作”“招待会场地的布局和座次安排”等不同的任务。我为每个任务分配了负责人，然后我进行统筹。

然而，令我意外的是，有一个下属的准备工作进展不顺利，与我的期望差距较大。

对他来说，这项工作似乎与平时的工作有很大不同，这恐怕使他有些迷茫。我也曾再三提醒他，并提出了一些改进方案，但事情进展得并不顺利。

随着时间的推移，报告会的日期渐渐临近。

虽然总体上进展顺利，但某些方面有少许延误，我坦率地汇报了这个情况。

然而，因为离招待会召开还有一段时间，所以我并未对此太过焦虑。而且我觉得，即使在这个阶段产生少许延误，稻盛先生也不会将其视为问题。

但是，在我汇报之后，稻盛先生提出了一个出乎意料的问题：

“具体来说，出现了**什么样的延误？是谁在负责？**”

“谁？”我现在还记得，听到这句话的瞬间，我的表情一定是很尴尬的。

能够培养下属和不能培养下属的上司的区别

“是谁在负责？”

对于稻盛先生的这个问题，我当时根本就不打算诚实回答。

正如前面提到的那样，当时的我坚信“无论何时，能保护下属的才是理想的上司，才是受欢迎的上司”。我认为下属的失误归根到底就是上司的失误。

当然，那位下属也并非有意拖延。他在平时的工作中非常优秀，非常勤奋，甚至想象不到他会在工作中出现“延误”。这一次，因为招待会的准备工作是他不擅长的任务，所以虽然费了很大的劲，但进展并不如他所愿。

而且，即使他的任务出现了一些延误，也不能仅仅责备他一个人。

作为上司，我当然也要承担一部分责任。在分派给下属不熟悉的工作时，虽然我自认为已经给予了充分的指示和指导，但这些指示和指导是否称得上真正充分？也许我的努力并不够。

“是谁在负责？”当稻盛先生提出这个问题时，我脑中涌现出了这样的想法。

显然，我根本就不打算告诉稻盛先生那位下属的名字。

如果我这样做，那么他本人将受到很大的影响。

而且，他以后有可能还会与稻盛先生直接交谈。那时，如果稻盛先生还记得他的名字，未必不会直接出言责备。

如果发生这样的事情，那我的下属就太可怜了。

于是我当即回答稻盛先生：

“全部都是我的责任。是我的指示和指导不够好，所以进展缓慢。”

正是这个时候。稻盛先生的表情突然变得严厉起来，前面提到的那句斥责的话在我耳边响起。

“大田，你这家伙是不是有一个错觉，认为维护下属是上司的职责？”

看着我被这句话击中的困惑表情，稻盛先生继续说道：

“正因为你一味维护下属，下属才无法成长。”

“不想得罪人”的利己心会毁掉一个人

“正因为你一味维护下属，下属才无法成长。”

这句话对当时的我来说非常震撼。

说起来这也是理所当然的。如前所述，那时的我坚信“无论何时，能保护下属的才是理想的上司，才是受欢迎的上司”。也可以说，我是因为想要“保护并培养下属”，所以才会维护下属。因为这一想法被稻盛先生全盘否定，所以我受到震撼也并不奇怪。

“全部都是我的责任。”稻盛先生犀利的一句话，击穿了我这肤浅的“上司观念”。或许在那个时候，他认为必须否定和修正我的这种思维方式，否则作为稻盛先生下属的“我”也无法成长。

稻盛先生继续带着严厉的表情说道：

“如果自己的下属由于某种误解而陷入困境，那么作为上司，当然应该予以保护。但是，如果下属犯了错，那么作为上司，就应该严肃警告。**为什么你不能严肃地警告下属呢？**”

接着，稻盛先生又说了一句令我感觉非常刺耳的话。

“因为你这家伙不想得罪人，所以你连严肃地警告下属都做不到。”

我觉得，稻盛先生的这句话击中了要害。

比如，当我说出“全部都是我的责任”时，或许有一种自私心，希望得到稻盛先生的称赞：“大田，你已经成了一名不错的上司了。”我不能说自己完全没有这种自私心。

此外，当我说出“是我的指示和指导不够好，所以进展缓慢”时，或许有一种利己心，希望我的下属会认为“大田先生保护了下属，是一位出色的上司”。

稻盛先生的话让我感到自己的利己心彻底暴露了。然后，他用这样的话结束了那次谈话。

“不想得罪人的人，无法培养下属，无法打造强大的团队。”

直到如今，稻盛先生的这句话依旧能让我意识到自己以前的“上司观念”是多么的幼稚和不成熟。我低下头，一边深刻地反省，一边聆听稻盛先生的教诲。

但我很确信，自那天起，我心中“理想的上司画像”发生了改变。

如何在工作中“关注日常的人际关系”

“一切事物都取决于日常的人际关系。”

面对低头反省的我，稻盛先生温和地说道。

刚才，他的口气是严厉的，他说“不想得罪人的人，无法培养下属，无法打造强大的团队”。现在，他的口气变得温和。也许他看到了我深刻反省的样子，认为现在正是“培养自己下属”的时刻。

稻盛先生继续说道：

“当上司严厉地提醒时，**有一些下属会虚心接受，而另一些则不会。**下属不听从并不一定是他自己的问题，而可能是因为上司平时没有重视人际关系。

“为了维持好日常的人际关系，上司该怎么做呢？**上司要建立信任关系，只有每天努力与下属深入对话。**

“例如，当上司指示下属开展一项新工作时，因为是代表部门挑战新的可能性，所以**是否怀着感激之情在跟下属沟通？**另外，当上司批评下属时，**是否怀着关怀下属、希望其成长的爱心在谈话？**说到底，这些才是关键。”

听着稻盛先生的话，我开始有些惴惴不安。

当然，我也试图通过与下属日常的对话来建立信任关系。只是，我没有如稻盛先生所说的那样彻底做到，对此我并不自信。

最后，稻盛先生这样总结道：

“如果上司能够通过与下属日常的深入对话来建立信任关系，那就没有问题。即使上司提出了严厉的批评，下属应该也会虚心接受。

“不仅会虚心接受，甚至可能会认为这是一个让自己成长的机会。但**如果平时没有建立好人际关系，下属就不会配合。**”

如前所述，从那一天起，我心中“理想的上司画像”发生了变化。

在向稻盛先生报告之后，我主动与那位正在准备招待会却进展不顺利的下属开了会。在这次会议中，我严肃指出了他工作中的问题，并提出了一些改进的建议。然后，我坚决要求他尽快拿出解决方案。

当然，我也像稻盛先生所教的那样，秉持“希望你能成长”的强烈愿望，与他进行了对话。起初，面对我从未有过的严厉口吻，他显得相当困惑。看着他充满不安的表情，我担心我们之间的信任关系可能就此破裂。

但结果证明，这不过是我杞人忧天。

渐渐地，他负责的工作得到了改善。用稻盛先生的话来说，可能是我和这位下属“在之前已经通过日常对话建立了信任关系”。

我觉得，在这种想法冒出来的那一瞬间，我就与之前“不管发生什么，都要维护自己的部下”这一片面的“上司观念”诀别了。

用自大一点的讲法，或许可以说，从那一瞬间起，我自己从“无法培养下属的上司”成长为了“能够培养下属的上司”。

很快，他负责的工作进度逐渐赶上了其他部门的进度。最终，招待会如期举行，大受好评，圆满结束。

他在此后取得了巨大的进步，如今担任领导职务，指导着许多下属。

为什么“小善”会通往“大恶”

“小善乃大恶。”

这是稻盛先生生前经常挂在嘴边的一句话。

简单解释这句话，就是“小善就像大恶一样”。这句话下面还伴随着另外一句：

“大善似无情。”

这句话简单地解释，就是“大善就像无情一样，不会让人感受到关爱之情”。上句和下句正好成对，表达的都是人生的真实。

“小善乃大恶，大善似无情。”

稻盛先生说这句话是他从佛教教义中学到的。我记得每当谈到上司和下属的关系时，稻盛先生就会提到这句话。

人际关系的基础是以真正的爱来对待对方——这种思维方式不仅仅适用于上司和下属之间的关系，也是稻盛先生人际关系理论的基础。

然而，尽管是“爱”，但稻盛先生认为，不应该是像溺爱或纵容那样的“小善”。在上司和下属的关系中，总是小心翼翼地顺从下属、迎合下属的上司，乍看之下似乎是出于爱。

但这只不过是“小善”。“小善”最终只是没有信念和气魄的“表面的爱”。

在这种上司的手下工作，下属不会反省，也发挥不出潜力，因此不会有显著的成长。“小善”最终会毁掉下属。换句话说，“小善”导致的结果，对于当事人而言，就是“大恶”。

所以，“小善”就是“大恶”。

与此相反，那些希望下属有更大成长的上司，不会迎合下属。这样的上司看起来似乎很无情，但这正是“大善”的体现。

心怀“大善”的上司，一定会充满信念和气魄地面对下属。

如果下属犯了错，他们可能会进行看似冷酷的严厉批评。然而，这种严厉的指导和批评反而能让下属反省，激发他们的潜力，最终帮助他们实现更大的成长。换句话说，对下属进行严厉的指导，这一行为看似“无情”，最终结果对当事人来说却是“大善”。

所以，“大善”就是“无情”。

“要严肃地判断什么才是真正对对方好。”

什么才是人际关系中“真正的爱”？一直以来，稻盛先生都不断地教导我。现在回想起来，这或许就是真正的关爱，就是“对对方的爱 = 利他之心”这句话的含义。

我觉得，稻盛先生的斥责让我学到了人际关系的基本。

永远都要“讲具体的内容”

“因为说得太抽象，所以你解决不了问题。”

在某次报告会上，我的汇报结束后，稻盛先生这样嘟囔道。

“你解决不了问题。”

突然被稻盛先生这样说，我记得自己当时感到相当困惑。而且，那次报告会上讨论的议题并不属于我负责的部门，而是完全不同的其他部门的问题，所以我就更加困惑了。

那是发生在京瓷某个制造部门的绩效报告会上的事。

当时，那个部门的销售额连续几个月一直在下降，利润率也随之下滑。稻盛先生要求我以第三方的视角，调查这个部门绩效下滑的原因。

实际上，在我开始调查这个部门之前，我就对其绩效下滑的大致原因有所了解。当时这个领域受到了经济不景气的影响，导致京瓷在这个领域的下滑情况超出了预期，但其他公司在这个领域的绩效也非常低迷。

确实，在拜访了该部门并与部门主管和一些员工交谈之后，大家的反馈正如我的预料。每个人都表现出一致的看法，即“受经济不景气的影响，这个领域整体陷入了低迷的状态。绩效下滑令人遗憾，但也许无法避免”。

当然，我对此完全理解。

因为市场受经济波动的影响是很正常的，于是，“不仅是这个部门，整个领域最近都受到了经济不景气的影响，进入了低迷的状态。”在这个部门的绩效报告会上，我做出了上述汇报。

然后，我听到了稻盛先生前面说的那句话：**“因为说得太抽象，所以你解决不了问题。”**

然而，这个部门并不是我管辖的部门。

我一开始完全不能理解，为什么我要因为其他部门的绩效问题而受到如此严厉的批评。但从稻盛先生投向我的锐利目光中，我开始隐约感受到，或许查明这个部门绩效下滑的原因并不是真正的问题所在。

如果仔细想想，“受经济不景气的影响，这个领域整体陷入了低迷的状态”这种程度的问题，稻盛先生肯定也明白。接着，稻盛先生下一句话让我开始有点理解为什么受到批评。

“因为有原因，所以才会有结果。”

稻盛先生说的这句话，并不是在对那个绩效不佳的部门发表意见，而是对我的工作态度，也就是对我追查原因的态度提出了批评。

稻盛先生继续说道：

“如果没有找到原因，没有勇气去追寻原因，就无法建立强大的组织。”

根本目标在于建立一个强大的组织。

稻盛先生指出，我的态度是“小善”，而不是“大善”。

组织的症结总是在“个人”身上

“无论什么组织，都是人的集合体。”

稻盛先生继续说道：

“如果一个组织出现问题，其原因只可能发生在人，也就是个人身上，也就是说，**一定存在导致这个问题的个人。**

“如果不找到那个个人，而只说‘整体陷入低迷’或者‘大家都不好’，那么组织的问题就无法解决。如果没有勇气**去找到那个个人**，就无法建立强大的组织。”

稻盛先生如此深刻的陈述，让我受到极大的震撼。

同时，我在这一刻也意识到了自己的不足。

这是因为，在此之前，不管公司出现什么问题，我通常并不深入追寻问题的根本原因，而总是采取一些不伤及他人的温和措施。我误以为这种方式可以调和公司内部的人际关系，圆满解决问题，顺利推进工作。

然而，这种程度的应对无法解决组织的问题。

正如稻盛先生所言，我的方法只是“抽象”的理论。

因为是抽象的理论，所以不可能找到具体的解决方案。

我的方式确实可以圆满收场。然而，由于没有坚决“追寻”包括个人原因在内的问题根源，所以责任归属一直是不明确的、模糊暧昧的。这样就不可能根本性地解决问题。

这种方法的缺点不止于此。使用这样的方法，即使发生了问题，部门成员也认为自己不会被追究责任。自然而然地，组织整体就会失去紧张感。这样的组织不可能变得强大。

我总是基于“小善”做出判断，稻盛先生显然察觉到了我的这一本质性缺点，因此对我提出了严厉的批评。现在回想起来，或许就是为了让我意识到这一点，他才故意让我去调查绩效不佳的制造部门。

“如果没有勇气去找到那个个人，就无法建立强大的组织。”稻盛先生说出这句话，应该就是想告诉我，希望我有足够的勇气去追求“大善”。

然而，这里有一个不能忽略的重要事项。前面所说的“追寻”并不是“追责”的意思。

“追寻”是寻找问题的原因，“追责”是追究责任。

目标始终是寻找导致问题的原因，并不会在找到原因后追究个人的责任。

本来，实现“大善”的真正目的，归根到底是要建立一个强大的组织。因此，如果没有“追究到个人”的勇气，就无法找到组织发生问题的原因。道理就是这样的。

最终，即使找到了特定的个人，也不应该只是严厉追责，而应该像前面提到的那样，怀着“希望对方成长”的关爱之心，与对方沟通，不断加以培养。

人际关系的基础是以真正的爱来对待对方。正如稻盛先生不断强调的那样，这才是人际关系的关键。我认为，如果做不到这一点，就无法建立生气勃勃的真正强大的组织。

奇迹般的语言

15句话带来人生转机

稲盛和夫

明日からすぐ役立つ
15の言葉

第四章

稻盛和夫关于“达成高目标”的3句话

11

今天要比昨天好，明天要比今天好，后天要比明天好

“每天不断进步”的方法

“这个工厂的生产线太棒了，不过，明年请改成完全不同的样子。”

这句谜一般的话是稻盛先生在视察中国广东省一家工厂时说的。

这家工厂是京瓷的子公司，一直以来都有丰厚的利润，备受赞誉。为了进一步增加收益，他们规划了新的生产线，并顺利投产。于是，稻盛先生来到当地视察。

“这是一个很好的学习机会，你也一起来吧。”稻盛先生亲切地邀请我，于是我有幸随行参观。

实际上，在这次视察中，我学到了很多。

我们到达中国广东省深圳市郊的工厂后，工厂的干部们很快就开始给我们介绍新的生产线。这个生产线与过去采用传送带的传统“流水线生产方式”不同，采用了全新的“单机生产方式”，更适应多品种、小批量生产的时代，这在当时被认为是一个创举。

对于当地的干部们来说，因为是将新时代的生产线展示给稻盛先生，对他们而言，这是一个展示自己的机会。事实上，他们显然都非常兴奋和紧张，以至于声音都在颤抖。在这种紧张的氛围下，我们开始参观制造现场。

我之前看惯了采用传送带的传统“流水线生产方式”，由于这条生产线采用了完全不同的设计思路，我感受到这是一条划时代的生产线。稻盛先生一边频频点头，一边聆听干部们的说明，几小时的参观顺利结束。

干部们非常在意稻盛先生对新生产线的评价，因此他们小心翼翼地发问，仔细观察着稻盛先生的表情。

“非常感谢您的视察，新的生产线您觉得如何呢？”

稻盛先生完全没有疲惫的表情，以响亮的声音称赞了他们：

“谢谢。新的生产线**真的太棒了。你们做得非常出色！**”

在听到稻盛先生强烈的表扬后，干部们的表情第一次开始松弛了下来。

他们尊敬的稻盛名誉会长特地从日本飞到中国广东省视察他们的工厂，并且大加称赞，这应该令他们喜出望外。同行的我也松了一口气。

然而很快，稻盛先生就压低了声音，说出了前面的那句话。

“这个工厂的生产线太棒了，不过，明年请改成完全不同的样子。”

那一瞬间，我怀疑自己听错了。

我完全搞不清楚，这句话是在表扬还是在提出要求。

为什么这个工厂的生产线“真的太棒了”，却需要在“明年把它变成完全不同的样子”呢？当地的干部们和我一样，面对这句话都是丈二和尚——摸不着头脑。

接着，稻盛先生看着我们，说出了下面的叮嘱。

“从事创造性的工作”的基础

“不能因为别人夸奖就对自己放心。”

稻盛先生提出了告诫，并继续说道：

“**就算被我夸奖了，也不能松懈**。确实，这个工厂的生产线非常出色。但无论什么时代，竞争都是十分激烈的。

“这条生产线现在看来是划时代的，但如果保持不变，很快就会落后。我们必须要保持谦虚，还要从其他公司的新生产线中汲取经验，**不断思考应该如何改良改善**。必须这么去做。”

当地的干部和我一样，一开始都疑惑不解地听着稻盛先生的话，然而，随着稻盛先生的进一步讲解，我们逐渐理解了他的真意。接着，稻盛先生说出了下面的话，让我们对于之前那句谜一般的话语心服口服。

“只要这样去做，这条划时代的生产线，明年就会变成完全不同的样子。”

稻盛先生用这句话结束了他的讲话。

确实，“这个工厂的生产线非常出色”，但是，只要从今天开始思考如何改良改善，明年它就会变成“完全不同的样子”。

不断思考“这样就行了吗”，坚持不懈地审视、反思、改进、提升。

这应该就是稻盛先生所说的“从事创造性的工作”。

工作中“飞跃式进步的瞬间”

“今天要比昨天好，明天要比今天好，后天要比明天好。”

这句话很有名，是稻盛先生工作哲学中的一条。

在每天的工作中，时刻反思“这样就行了吗”，然后以今天要比昨天好，明天要比今天好的态度，持续思考如何改良改善。这将引领我们做出创造性的工作。

通过这种持续、反复的努力，人与工作都会取得出色的进步。

平时，稻盛先生一直教导我这些内容，但是直到去中国广东省参加了这次考察，我才真正理解了“从事创造性的工作”的意义。从这个意义上说，稻盛先生说这次考察“是一个很好的学习机会”，确实所言不虚，切中要点。

虽然是理所当然，但我们在工作中的确就是通过一项一项的改良改善取得重大成果的。

然而，在受到他人表扬之后，我们往往容易陷入思维停滞的局面。

尽管“持续改良改善”会带来很大的成果，但一旦受到赞美，人就容易因此满足，陷入思维停滞的局面。结果，渐渐地，我们就不再持续思考如何改良改善了。

此外，一旦受到一次表扬，我们往往就会认为只要继续做同样的事情，就可能再次受到赞美，至少不会受到批评。这也可以说是一种思维停滞。

这样一来就没法指望继续进步了。

“不管昨天受到多少表扬，今天仍要继续努力；不管今天受到多少赞美，明天仍要继续努力；**不管明天受到多少表扬，后天仍要继续努力。**”

要从事创造性的工作，必须日复一日地积累这种微小的改良改善。说得极端一点，无论受到表扬还是受到批评，都必须持续探索新方法，“持续思考如何改良改善”，只有这样，我们才能取得进步。

人心是脆弱的。一旦受到表扬，立刻就会产生傲慢。然后，就会在不知不觉中失去“持续思考如何改良改善”的态度。

稻盛先生深切地明白这一点。

因此，稻盛先生看到受到表扬后干部们松懈的表情，可能觉得有必要给出一句激励和提醒的话。而且，稻盛先生很少有机会前往中国广东省进行考察，这也许是他决定在现场对干部们进行激励和提醒的原因。

此后，该工厂一定是按照稻盛先生的指示，“持续思考如何改良改善”的，因为该工厂的生产线在此之后也始终保持着高收益。

稻盛先生说的话，效果是巨大的。

12

“创造性地投入”扫除，结果将会怎样呢

始终要比去年做得更好

“具备智慧、**不懈创新的人，甚至在扫除方面也有不同的方法。**”

稻盛先生常常在京瓷内部和外部的演讲中谈到“持续思考如何改良改善”。或许令人意外的是，这种时候，他经常会用到的案例，就是“扫除的方法”。

“如果你用创新的方式来处理原本随意对待的清洁工作，会发生什么呢？”

稻盛先生突然提到扫除，初次听到的人可能会感到惊讶。也许有人会感到意外，为什么稻盛先生不仅谈论“工作的方法”，还要

谈论“扫除的方法”呢?

对于稻盛先生来说，即使是扫除这种在日常生活中毫不引人注目的行为，他也能从中获得很多关于“从事创造性的工作”的启发。

不管是扫除还是工作，不是每个人都会取得一样的结果。

效率和结果都会因人而大不相同。那些具备智慧、不懈创新的人，工作方面自不必说，甚至在扫除方面，应该都会“持续思考如何改良改善”。

“创造性的扫除”可以引发“创造性的工作”。

“具备智慧、不懈创新的人，不仅工作，甚至扫除方法也与众不同。例如，他们一开始可能会使用扫帚从前面开始扫，接下来可能会从后面扫，或者尝试更换扫帚，抑或使用拖把。一定**每天都会有这样的创意和改进。**”

稻盛先生谈扫除谈到这个程度后，即使那些一开始觉得惊讶的人，也都会心悦诚服地侧耳倾听。这恐怕是因为他们理解了“创造性的扫除”可以引发“创造性的工作”。

“如果每天都像这样创造性地进行扫除，那么效率自然就能不断提高。如果向上司提出申请，可能还能获得一台吸尘器。**然后，他们甚至可能会亲自对吸尘器进行改进。**”

稻盛先生继续说道：

“每天不断地进行这样的创新和改进，一年后，在职场一定会**被当作扫除的专家，受到尊敬。**也许不久之后，可以创立一家负责大楼清扫的公司，独立创业，这也不是不可能的。”

总之，哪怕只是扫除的工作，也可能改变人生。

然而，如果认为“不过就是扫除”而懈怠了创新，漫不经心地面对扫除，那么这样的人可能不会取得任何进步和发展。恐怕一年后也会和原来一样，漫不经心地进行着扫除。

这个道理不仅限于扫除，同样也适用于工作和人生。

“超越去年”是今年活着的证明

“今年，一定要在某些方面比去年做得更好。”

在一次会议上，稻盛先生这样告诫我。

“不管发生什么事情，今年必须比去年做得更好，否则就没有意义。”

就在那个时候，稻盛先生教给了我这一条，并让我发自内心地理解了。那对我来说不仅是一个令人难以忘怀的时刻，也是一个窥见“研究开发大师——稻盛和夫”的原点的故事，所以我想介绍给大家。

那一天，我需要向稻盛先生汇报邀请海外文化人参加研讨会的准备情况。这场研讨会恰好是在一年前第一次举行的，并取得了巨大的成功和好评，因此我们决定举办第二次研讨会。

事实上，一年前的第一次研讨会也是由我负责的。如果第一次研讨会没有成功，那么显然就不会有第二次，因此一年前，我在开展研讨会的准备工作时虽然感到了巨大的压力，但还是进行了慎重的准备。通过与相关部门的协作，我对包括宣传活动、日程安排和当天的计划等在内的事项进行了充分细致的准备，迎来了会议的召开。

这些努力得到了回报，第一次研讨会以成功告终。在研讨会结束后，我受到了稻盛先生的表扬，终于从压力中解脱，感到无比放松。直到现在我还清楚地记得当时的感受。

正是因为第一次研讨会取得了成功，才有了召开第二次研讨会的计划。我对第一次研讨会的成功经历记忆犹新。也许正因如此，我才认为只要按照第一次的方式来准备第二次的活动，就不会出现问题，一切都会顺利进行。

“研讨会的准备工作进行得如何？”

在准备第二次研讨会的一次会议上，稻盛先生在一开始就询问我准备工作的进展情况。在详细说明准备工作的进展之前，我首先希望稻盛先生能够安心，于是我这样说道：

“请放心，我们基本上正在按照去年的方式进行准备。”

令我吃惊的是，稻盛先生的表情突然变得严厉起来。

“和去年一样？”

稻盛先生喃喃自语，然后以强硬的语气斥责了我。

“今年必须比去年做得更好，这是你这一年活着的证明。”

“这是你这一年活着的证明。”稻盛先生这句极具震撼力的语言让我不知所措。

我之所以这样说是希望稻盛先生能够放心，我完全没想到自己会受到斥责，因此非常吃惊。

稻盛先生的斥责并没有就此结束。

“以尽可能低的价格，制造尽可能好的商品”

接着，稻盛先生继续说出了我之前从未听到过的严厉的责备之词。现在回想起来，正是因为受到了这样严厉的斥责，我才能够切身理解稻盛先生的工作哲学。

正所谓“良药苦口”，虽然我一开始对那句话非常困惑，但其后续效果却是非凡的。

“如果与去年一样，那么**今年这一年里你是死了吗？**”

稻盛先生的这句话，极具冲击性。

我记得，受到稻盛先生如此严厉的斥责，当时我手足无措，愣在了当场。“今年这一年里你是死了吗？”这句话给当时的我带来了巨大的冲击。

报告会筹备伊始就出现了出乎意料的情况，我脑中一片混乱。稻盛先生或许觉得自己说得有点过了，于是他降低了声调，以温和的口吻继续告诫我：

“今年，一定要在某些方面比去年做得更好，**否则岂不是意味着你在这一年里没有任何成长吗？**”

直到稻盛先生解释到这个地步，我才终于理解了自己受到严厉批评的原因。

“今天要比昨天好，明天要比今天好，后天要比明天好。”

如前所述，这句话是稻盛先生著名的工作哲学中的一条。

我曾在各种场合聆听稻盛先生提到这句话。

因此，尽管我自以为已经很好地理解了稻盛先生的思维方式，但关键的实践却没有跟上。

“昨天受到表扬，今天也要受到表扬，明天还要受到表扬。”必须以这样的心态“持续思考如何改良改善”，我们才能取得进步。虽然我每天都从稻盛先生那里学习这一点，但在第一次研讨会结束后，或许只是因为稻盛先生对我说了表扬的话，我的思维就停滞了。

结果，我在会议筹备开始时就向稻盛先生表示：“请放心，我们基本上正在按照去年的方式进行准备。”

我终于从心底理解了为什么稻盛先生对我感到失望，对我发怒。

接着，稻盛先生继续叮嘱道：“必须去思考，今年这一年**产生了多少附加价值。**”

“**如果去年是 9 个人在做，那今年就降到 8 个人试试。**如果去年花费是 100 万日元，那今年就让它降到 90 万日元，这样的努力才是关键。总之，与去年相比，今年必须有所改变。”

从这段话中，我似乎看到了“研究开发者——稻盛和夫”的原点。

我认为，在稻盛先生创办京瓷的早期，他深受“必须不断进步”的紧迫感所驱使。在产品制造的现场，他恐怕有着强烈的危机感：必须以“比去年更低的成本”，做出“比去年更好的产品”，否则就会在竞争中失败。

可以说，正是这种危机感驱动着京瓷，乃至后来 KDDI 的成长发展。

从那一天起，不仅是第二次研讨会的准备工作，我的工作态度本身也发生了明显的变化。

“要比去年做得更好，这是这一年活着的证明。”

自那时起，我就开始带着这种意识投入工作。

13

对工作的“执着”有时也可能导致工作的失败

成为“更好的自己”

“人一旦自以为是，无论做什么都会做不好。”

在某次京瓷的研究开发会议结束后，稻盛先生这样向我低声说道。

虽然稻盛先生经常参加的是经营方面的会议，但那天正好有时间，久违地出席了研究开发会议。稻盛先生的职业生涯起始于技术开发，因此他一定非常关心研究开发会议。

实际上，那天的研究开发会议的内容非常充实，会议结束后，稻盛先生的心情异常激动。

“不愧是京瓷的研发者，优秀人才确实多。但是，越是优秀，越是拥有更多的专业知识，就越有可能听不进他人的意见，视野变得狭隘，以至于自以为是。

“人一旦自以为是，无论做什么都会做不好。自以为是是最糟糕的，对于他们，我担心的只有这一点。”

稻盛先生对于优秀的技术人员感到满意，但也为他们的优秀而担忧。

这是我第一次从稻盛先生嘴里听到“自以为是”这个词。所谓“自以为是”，简而言之就是自大。

实际上，那段时期稻盛先生曾多次提醒我：“大田的想法太自以为是，我看了很担心。”所以，听到“人一旦自以为是，无论做什么都会做不好”这句话时，我就将其当作与自己有关的事情，侧耳倾听。

稻盛先生继续说道：

“自以为是的人实际上可能对很多事情一无所知，但他们却相信自己无所不知。因此，他们不会听取别人的意见。**如果有人提出反对意见，他们会马上拒绝。最终，没有人会愿意和这样的人合作。**

“自以为是的人的麻烦在于，因为他们相信自己是正确的，相信自己是在做好事，所以他们不会反省。最终，做什么都做不好。优秀的技术开发人员中也有很多这样的人。不仅仅是开发人员，如果不特别注意，任何人都可能变得自以为是，你也要当心。”

为什么“自以为是”，也就是“自大”是“最糟糕的”？稻盛先生如此详细地告诉了我其中的理由。即便是当时的我，也深受触动。

当然，我自己根本不会意识到自己提出的是“自以为是的想法”。我“相信自己在做正确的事情”，所以才提出想法。但在稻盛先生看来，或许这就是“自以为是”或“自大”。

而且，正如稻盛先生所指出的那样，“自以为是的人的麻烦在于，他们相信自己是正确的，相信自己是在做好事。”这正是问题所在。

然而，人总是难以意识到自己的“自以为是”。

要意识到自己的“自以为是”，应该怎么做呢？

恐怕只有像稻盛先生那样，持续不断地自问自答了。

只要“动机至善，私心了无”就必定会成功

“动机善否？私心有无？”

这是稻盛先生用来自问自答的著名的问题。

这里为了方便读者理解，特意使用口语表达。实际上，稻盛先生说的话是正式文体。

是否“动机至善，私心了无”？这才是稻盛先生原本的自问自答之言。

稻盛先生在创办第二电电时，不断用这句话自问自答，时刻追问自己的内心是否存在“自大”或“私心”。

这是大约 40 年前的事，当时日本电信行业实行自由化，新的企业被允许进入电信市场。当时的京瓷还只是一家销售规模约 2000 亿日元的中型企业。

然而，稻盛先生对参与电信事业非常积极。他认为：“**这是百年难遇的大变革时期**，这个机会不容错过，应该积极挑战。”

为什么这么说呢？因为日本当时的通信费用与美国等国相比非常高昂，很多企业、很多国民都苦于高昂的费用。一直以来，稻盛先生都将此视为一个大问题。他认为，如果京瓷能够进入电信行业并降低原本高昂的通信费用，对当时即将迎来高度信息化时代的日本，是一件“好事”。

但是，稻盛先生并没有立即做出决定。

“动机善否？私心有无？”

在长达半年的时间里，他每天都不断地自问自答。

也就是说，京瓷进入电信行业的动机是不是“善”的？其中是否包含“自大”或“私心”？进入电信行业是否真的是为了日本社会，为了国民？其中是否存在商业扩张的欲望或对名誉的渴望？

稻盛先生说，他每天都在心中不断追问自己这些问题。

稻盛先生在连续半年的时间里，每天都进行这样的自问自答。这让我感到非常惊讶。自己正在做一件“善事”，人有多么容易陷入这种“自以为是”的陷阱，稻盛先生对此一清二楚。

而且，他认为自己绝非例外。

正因如此，他才需要半年的时间来自问自答。最终，稻盛先生确信，自己的动机是“善”的，并且没有夹杂丝毫的“私心”。

“只要动机至善，私心了无，就不用追问结果。”

后来，稻盛先生经常会这样说。那么，为什么会说“不需要追问结果”呢？

因为，**“只要动机至善，私心了无，就必定会成功。”**

我觉得这是非常有力的语言。

事实上，当时创办的第二电电，如今已经作为 KDDI 取得了巨大的成功。

“最终，能改变自己的只有自己”

“我的执着也许会毁了京瓷。”

当稻盛先生平静地说出这句话时，我深感惊讶。

稻盛先生的执着会毁了京瓷？不可能！

毋宁说，正是因为稻盛先生的执着，京瓷这家公司才得以诞生，得以打下稳固的基础，才有了今天的繁荣景象。这是任何人都明白的事实。

然而，为什么稻盛先生会说出“我的执着也许会毁了京瓷”这样的话呢？我感到难以理解。

这是在稻盛先生 65 岁的时候发生的事，当时他决定卸任京瓷的会长职务。

稻盛先生早就想好，当他 60 岁时，就要从经营的第一线退下来。

然而，当稻盛先生 60 岁时，正好是之前提到的第二电电经营走上正轨的时候，所以他极为繁忙。

结果，稻盛先生“**在 60 岁时退出经营第一线**”的愿望未能实现，他忙于各项事务，时间渐渐流逝。

因此，稻盛先生决定在下一个阶段，也就是 65 岁时，无论如何都要从经营的第一线退下来。实际上，65 岁时，稻盛先生卸任了京瓷和第二电电的会长，就任名誉会长。

虽然已经 65 岁，但当时的稻盛先生仍然充满朝气，非常健康。他的外表依然健壮，经营决策也一直准确无误。65 岁这个年龄，对于一个仍然活跃在第一线的经营者来说，也绝不算老。

因此，我对稻盛先生要在“65 岁时退出经营第一线”感到完全不能理解。相反，我希望稻盛先生能够继续担任“京瓷的领导者”，指导企业的经营。当我坦诚地表达这种愿望时，稻盛先生说出了开头所提到的话。

稻盛先生继续说道：

“事实上，我留下了许多实绩。因此，身边的人都不再批评我，只是一味夸赞。这种情况下，如果我一直待在领导的位置上，**恐怕就会出现固执己见，不听取他人意见的情况。**”

虽然对我来说很意外，但稻盛先生应该是担心，他自认为“好的”坚持，会变成“自以为是”。

当然，我对此无话可说。

“实际上，观察那些比我年长的经营者，他们在变老后总会变得固执，迷恋自己的地位和名誉，不惜付出一切。有些人因此就会玷污晚节。最终，**能够制止自己的，只有自己。**”

能够制止自己的，只有自己。

也就是说，稻盛先生希望在自己仍然能够冷静判断的情况下，尽早让自己从经营第一线撤下来。而且，他认为，能够做到这一点的，除了他自己，别无他人。

是否“动机至善，私心了无”？

在得出这个结论之前，稻盛先生应该是反反复复地这样自问自答过了吧。

人生可以分为“三个阶段”

稻盛先生在 65 岁时选择退出经营第一线，还有另一个明确的理由。

当时，我听说，稻盛先生认为自己的人生大约有“ 80 年”的时间。

然后，他将这“ 80 年”的人生划分为三个阶段来考虑。

出生后的前 20 年是为进入社会做准备的阶段。

接下来的 40 年是为了社会、为了自我提升而工作的阶段。

最后的 20 年是为灵魂的重新出发（死亡）做准备的阶段。

这就是稻盛先生当时的人生观。

然后，尽管比最初的计划晚了 5 年，但稻盛先生在 65 岁时退任京瓷和第二电电的会长职务，进入了“灵魂准备期”。

具体而言，他在京都八幡的圆福寺剃度出家了。

所谓剃度，意思是“剃发并进入佛门”。稻盛先生剃去了头发，以托钵僧的姿态诵经的场面在当时的媒体上被广泛报道，可能许多人都知道。

据说稻盛先生从圆福寺的师父那里听到：“你还是要剃度。但在此之后要回到社会，为社会做出贡献，这才是你的‘佛之道’。”

“我的执着也许会毁了京瓷。”回顾当初，我的心中就会浮现稻盛先生说出这句话时的坚定表情。因为我还清晰地记得，他曾笑容满面地说：“我退出经营后，就会进入一直向往的佛门，**更深入地学习人的本质。**”

在剃度之后回到现实社会的多年以来，稻盛先生无疑一直行进在他的“佛之道”上。

最后，我的导师，稻盛和夫先生，在 2022 年 8 月 24 日永远地离开了我们。

现在，我常常陷入沉思，深入思考稻盛先生常说的“灵魂不灭”这件事。

奇迹般的语言

15句话带来人生转机

稻盛和夫

明日からすぐ役立つ
15の言葉

第五章

稻盛和夫关于“提升创造性”的2句话

14

所谓优秀的领导者，就是能够激发现场力量的人

“每月削减2000日元成本”的巨大效果

“现在每月削减了2000日元的成本！”

有一次，一名在日航机场柜台工作的年轻女性员工向稻盛先生汇报了这个消息。

“每月2000日元”，这个极低的金额可能会令一些读者吃惊。

这是2012年发生在日航的真实案例。

那天，在大阪国际机场（伊丹机场）附近的日航办公室里，举行了一次关于“日航哲学”的学习会，大约有100名高级管理人员

和员工参加了会议。

而且，这个学习会比较特殊，因为会长稻盛先生会从东京前来参加。

因为稻盛先生也将参会，所以大阪的员工们应该非常兴奋。

自从担任日航的会长以来，稻盛先生一直尽可能亲临日航的工作现场，与尽可能多的员工交流。他始终非常重视这一点。

他渴望听到现场员工的真实声音，并将自己的想法亲口传达给他们。这样做是为了尽早将“日航哲学”渗透给日航的员工们。

然而，当时，日航的重建仍然处于半途，稻盛先生也极为繁忙，不太可能遍访日航国内外众多的分支机构。实际上，那还是他第一次正式访问大阪办公室。

那时，稻盛先生担任日航会长已经近两年。我记得，大阪办公室因为即将首次迎来稻盛先生，所以现场热情洋溢，气氛热烈。

当稻盛先生走进会场时，百余名干部和员工用热烈的掌声迎接了他。

然后，学习会就在这样热闹的气氛中开始了。

首先，大阪办公室的干部汇报了他们是如何基于“日航哲学”努力改进经营的。几位干部接连报告了“以百万日元为单位的成本削减”。

听了这些干部的汇报，我感觉日航的重建正在稳步进行，感到非常放心。

这时，我突然瞥见了稻盛先生的表情。

稻盛先生闭着眼睛，默默地听着干部们的报告。他时而点头，或许是感受到“日航哲学”确实在大阪办公室得以渗透，颇有感慨吧。

在干部们汇报结束后，一位负责伊丹机场柜台工作的女性员工开始了她的汇报。她正是前文提到的那位年轻女性员工。

尽管柜台业务似乎很难降低成本，但她的报告却表明，只要不断动脑筋、想办法，每月削减 2000 日元的成本还是可以做到的。具体而言，通过改善在机场柜台上给行李贴标签的方法，可以避免标签的浪费，从而降低成本。

听着她的汇报，我开始感到有些担忧。当然，我非常认可她的努力，她对标签使用的独特见解也很出色。但不管怎么说，我觉得每月削减 2000 日元的成本，这个金额实在太少了。

多位干部的汇报都是“以百万日元为单位的成本削减”，或许是因为先听了他们的汇报，所以我对她的成本削减的金额之少感觉尤为明显。我完全不知道稻盛先生听完她的报告会作何感想。

“现在每月削减了 2000 日元的成本！”

她汇报结束后，我再次看向了稻盛先生。

然而，我之前的担忧似乎是多余的。因为在刚刚听干部们汇报时，稻盛先生一直闭着眼睛默不作声，但她的汇报结束时，稻盛先生却露出了满意的微笑。

对于她的汇报，稻盛先生似乎有着与我完全不同的感受。

实际上，在她的汇报结束后，稻盛先生给予了高度评价。

只要“以领导者的眼光”去观察，有些东西就必定能看到

“**太棒了。**听了你的演讲，**我深感钦佩。**”

稻盛先生一开口就给予了这位女性员工如此高度的评价。

稻盛先生的话，与其说让这位女性员工感到高兴，不如说是让她感到惊讶。

现在想起来，我也能理解这位女性员工的心情。从被誉为“管理之神”的人物那里听到“深感钦佩”，恐怕这已经超越了高兴，让她感到了惊讶。

我记得，稻盛先生的“深感钦佩”一词，也引起了会场内的惊呼声。那一刻，原本充满热情的会场似乎更加充满了活力。

这是因为，大阪的日航员工也感受到了稻盛先生对现场的重视。

这位女性员工很快也露出了受到表扬之后的喜悦表情。

稻盛先生看着她的笑容继续说道：

"像你这样，**为了让公司变得更好，不断动脑筋、想办法，这种努力才是最重要的。**从这个意义上说，你已经是一位出色的领导者了。"

"出色的领导者"，听到这句话，她的脸上露出了些许红晕。

接下来，稻盛先生对包括她在内的现场的全体员工继续说道：

"因为本来就是管理人员的工作，所以经营者和干部努力降低成本，从某种意义上说，是理所当然的。虽然我的话有点无情，但我认为没有必要对此特别加以表扬。

"然而，像你这样**负责客户服务的柜台员工，能有和经营者及干部一样的心态**，出谋划策，努力降低成本，这真是非常了不起的事情。

"或许每一笔金额都很小，但如果日航的**全体员工都能有和你一样的心态，出谋划策，那么效果将是巨大的。**你的讲话中所蕴含的哲学让我深受触动。"

稻盛先生如此热情地诉说，那一刻，整个会场充满了团结一致的氛围，我至今仍记忆犹新。

“日航的重建是可能的。”

如前所述，这句话是当时稻盛先生在日航员工面前反复提及的。当然，我从未怀疑过这句话，但通过那天的学习会，我对此更加坚信。

当天学习会上发生的事以及稻盛先生发出的信息，不仅扩散到了整个大阪办公室，而且跨越了部门，越传越广。通过电子邮件，这一信息被迅速传播给了整个日航集团。

不言而喻，这一切都进一步提高了日航现场员工的士气。

最大限度发挥“现场力量”的方法——全员参与的经营

“所谓优秀的经营者，就是能够激发现场力量的人。”稻盛先生经常这样说。

那次大阪办公室的学习会过后不久，他再次向我提到了这句话。或许到了那个时候，稻盛先生也已确信，日航的重建一定会成功。

“经营者的工作就是激发现场的力量。仔细想想，这是理所当然的事情。无论一个经营者多么优秀，他一个人能做的事情都是有限的。”

然后，稻盛先生继续说道：

“相比之下，如果能够**充分发挥每位现场员工的能力**，那么就**可以实现更为出色的经营**。关键在于，是否每位员工每天都能认真思考如何去改良改善，并为此出谋划策。”

最后，他总结道：

“经营者当然需要有能力制定出色的经营战略。然而，更为重要的是，要认可现场员工的能力，帮助他们积极参与经营改善。换言之，**拥有实现全员参与经营的能力才是最重要的。**”

稻盛先生在平日里就一直强调“全员参与的经营”。

所谓“全员参与的经营”，指的是企业经营不仅仅由少数人掌握。这句话的精髓在于，“全体员工都具备参与经营的意识。”“全员参与的经营”意识一旦扎根，现场员工就会开始思考“自己也要像经营者那样，思考如何才能把企业经营得更好”。这样的想法会变得理所当然。

据稻盛先生说，一个人在决定自己“思考”的瞬间，积极性就会被唤醒。

这样的话，即使没有指示，他也会积极地参与经营。具体而言，他就会思考“如果我是经营者，就不会允许这样的浪费。那么，我就应该努力寻找方法，减少浪费”。这样去做，自然而然就能减少浪费，公司的经营也会变得更加出色。

然后，在不知不觉中，这个人就会向真正的经营者转变。

“思考的员工”和“不思考的员工”，二者的差异在哪里

“相比于稻盛先生提倡的全员参与的经营，应该还有更为合理的经营方式。”

年轻时的我，常常会有这样桀骜不驯的想法。

如前所述，我曾在美国的乔治 · 华盛顿大学获得 MBA 学位，最初并不太认同稻盛先生的“全员参与的经营”理念。

这是因为在我看来，“全员参与的经营”似乎是京瓷独有的、不太合理的想法。

实际上，我在商学院学习的经营学中，没有一丝一毫“全员参与的经营”的概念。经营者和高级主管负责制定经营战略，而现场员工则按照这些战略来开展工作——这就是商学院的教导，我也认为这才是最为高效的经营方式。

当时，我还年轻，多少有些傲慢不逊，竟然莽撞地向稻盛先生提出了这样的意见：

“‘全员参与的经营’确实很了不起。但是，随着公司规模的不断扩大，难道不应该追求更加合理的经营方式吗？”

稻盛先生面不改色地听着我的意见。

或许他认为这是一个好机会，正好向年轻的下属传授“全员参与的经营”的重要性。所以他以温和的口吻，语重心长地回答道：

“现场员工没有智慧——你是不是这样认为的？所以，你认为现场员工应该按照上司的指示工作，这才是合理的，是不是？”

当时我并没有思考到这种程度。然而，听了稻盛先生的下一句话后，我开始理解他的想法：

“现场员工并不缺乏智慧，只是经营者并没有让他们去思考。只要让现场员工自己去思考，他们就可以大致找到现场的问题点和相应的解决办法。”

然后，他看着我的眼睛，说出了开头的那句话：

“所谓优秀的领导者，就是能够激发现场力量的人。”

那一天，我意识到了自己的错误在于，在没有了解“现场”的情况下，仅仅是在头脑中用理论进行思考。

然后，在之前提到的日航学习会上，我想起了很久以前的这一天，想起了稻盛先生曾经教导的“全员参与的经营”的重要性。

“现在每月削减了2000日元的成本！”

我在伊丹机场附近，听着负责柜台工作的女性员工的话，回忆起了自己年轻的时候。

我再次深刻感受到，稻盛先生所倡导的“全员参与的经营”不仅在京瓷，而且在日航大阪办公室都已深深扎根。这让我再次深受触动。

“传说的工作”的诞生瞬间

“日航的重建进展速度超出了我的预期。”

我曾再次深刻体会到这一点。

那是大阪办公室那场氛围热烈的学习会之后很久的事情。

那时，我碰巧与学习会时就任大阪地区主管的人有一次用餐的机会。一起用餐时，谈话自然而然地转向了大阪办公室那场“传说”中的学习会。正如前面提到的，那次学习会的情况通过邮件等途径传遍了整个日航集团，已经成为一个“传说”。

在那次用餐中，我从那位主管那里听到了以下故事，感到震惊和感动。

实际上，在学习会之前，那位主管曾专门拜托负责柜台工作的女性员工进行汇报。原因在于，他当时已经知道学习会开始时，内容都是干部们的“以百万日元为单位的成本削减”。

然而，仅仅是干部们的汇报，并不能让稻盛会长感受到日航“现场员工”们做出的努力。

因此，主管希望这名负责柜台工作的女性员工能够汇报她在“削减成本”方面的努力，尽管她并没有“削减成本”的特别义务。

主管说，相比于那些干部，他更希望稻盛先生能够表扬这些“现场员工”。

起初，这位女性员工可能有些犹豫。要在干部们汇报“以百万日元为单位的成本削减”后，汇报“每月削减了 2000 日元的成本”，这可能让她有些胆怯。

但这位主管确信，稻盛先生一定会高度评价她的努力。

我听完主管的讲述，不禁深深感动。

在稻盛先生担任日航会长仅仅不到两年的时间里，这位主管已经与我们共有了价值观。这个瞬间，我深切体会到，日航的重建进展速度超出了我的预期。

最终，主管的愿望应该也传达给了那位从事柜台工作的女性员工。

她不仅同意在学习会上发言，而且以强烈的愿望，为我们呈现了如此出色的汇报。可以说，她强烈的愿望和努力触动了稻盛先生，使他深受感动。

日航现场员工的愿望得以实现，这次学习会因此成为一个“传说”。

15

思考到看见为止

拥有“坚定的价值观”

“正因为是自主思考，才能把工作做好。”

稻盛先生看着我的脸，轻声嘟囔了这一句。

当时，我正在向稻盛先生汇报京瓷内部制度的改革方案。

在汇报的那天之前，我不仅收集了最新的信息，还研究了其他公司的案例，阅读了相关资料，自认为做了充分的准备。我信心满满地向稻盛先生开始汇报。

稻盛先生默默地听着我的话，时而点头。当我汇报结束时，他询问我："我想再详细地听一下，考虑朝这个方向进行制度改革的理由。"

这是我事先预料到的问题。

我立刻详细解释了这套制度改革方案的背景和理由，并在最后强调了一点：

"实际上，已经有一些优秀的企业在这个方向上进行了制度改革。"

然后，我列举了那些"优秀企业"的具体名称，并分析了这些公司制度改革的进展等。因为我的改革方案启动时间会比这些公司晚，所以内容比它们的更具前瞻性。我觉得稻盛先生对此也会表示赞赏。

然而，就在我这么想的时候，稻盛先生说出了我意料之外的话。

"你的判断基准是什么？"

听到稻盛先生这出乎意料的问题，我一时张口结舌。

在制定公司内部制度改革方案时，我竭尽全力地搜罗最新信息，研究其他公司的案例，阅读相关资料等，按照自己的方式付出了努力。然而，很惭愧的是，我从未思考过“自己的判断基准应该是什么”。

稻盛先生一边看着我变得苍白的脸，一边语重心长地说道：“因为你喜欢名人，所以当听说知名企业家正在进行制度改革时，你就想去做。这样的话，如果有其他知名企业家主张其他的事项，你可能会因此改变。如果按照这种判断基准工作，那么工作就不可能做好。”

稻盛先生继续说道：

“在工作中，无论环境如何变化，都**需要拥有自己坚定的判断基准，也就是哲学**。否则，每当环境变化，就会进退失据，判断失误。这样一来，就无法带领组织不断前进。”

最后，他以严肃的表情重复了开头的那句话：

“正因为是自主思考，才能把工作做好。”

当时听到这句话时，恐怕我是面红耳赤的。

为什么这么说呢？因为这句话让我想起了稻盛先生著名的工作哲学中的一条。

“看见完成品”的工作方法

“思考透彻，直到看见。”

这句话就是我在前面的报告会上想起的，稻盛先生著名的工作哲学。

稻盛先生反复不断地强调，想要成就某项工作时，要在心中不断描绘“理想的状态”或“完成品的形态”。在实现这个“理想的状态”或“完成品的形态”的过程中，关键在于“自己透彻思考，直到看见为止”。

事实上，我听说稻盛先生早在青年时代，作为一名技术开发者，就已经养成了“思考透彻，直到看见”的习惯。正因如此，稻盛先生从年轻时就在很多研究工作上都取得了成功。

有一次，稻盛先生曾这样表达这一思想：

“不断思考，直到看见完成品。”

例如，假设需要进行新型号产品的研发。

稻盛先生说，他会每天在脑海中反复进行实验，思考这个新型号产品“应该是什么样的，怎样做才能实现”。这样反复在头脑中进行模拟，逐渐就能在脑海中清晰地描绘出“已完成的产品”，仿佛它已经摆在眼前。

通过自主的深入思考，这样的事情实际上就会发生。

这就是“思考透彻，直到看见”的意思。

反观我在制定公司内部制度的改革方案时，是否已经深入思考到这个程度——我可以确定的是，并没有思考到“看见完成品”的程度。这就是我在那次报告会上面红耳赤的原因。

稻盛先生恐怕就是在用“你的判断基准是什么”这句话开导我。虽然收集了最新的信息，调研了其他公司的案例，阅读了相关资料，调查了“几家优秀企业”的改革方案，但到底有没有“自主思考”，有没有“思考透彻，直到看见”呢?

如果缺乏了自主思考，就会如“画龙”缺乏了“点睛”一般，做任何事情都无法达到“完成品”的程度。

重要的事情会“留在心中”

“在拼命思考重要事项的过程中，自己的价值观和哲学也就逐渐形成了。”

这句话不是稻盛先生说的，而是日本著名哲学家梅原猛所言。

我直接从梅原先生本人那里学到了这句话。

稻盛先生和梅原先生都以京都为基地展开活动，不仅如此，他们还在宗教方面拥有共通的价值观，因此在生前他们之间有着紧密的交往。他们在人生观方面有许多共鸣，甚至合作出版了三本对话集。

两位先生似乎都对人类的未来、人类文明的前景抱有类似的危机感。这种危机感的表现之一，就是他们一起旅行，前往中国、埃及等古文明繁荣之地。

很幸运，所有的旅行我都一起随行。

在这个过程中，我与梅原先生度过了非常有意义的时光。

梅原先生创立了所谓的“梅原哲学”，他的哲学观非常独特，但他的讲解却非常通俗易懂。即便是对哲学和宗教不熟悉的我，也能理解。我知道这种说法可能有些自大，但我认为，这正是梅原先生通过深思熟虑，用自己的话语加以表达的结果。

“大田先生，一定要多读书哦。但是，即使读了书，也可以很快就把内容忘掉。因为真正重要的东西会留在心中。”

然后，梅原先生看着我的眼睛，继续说道：

“拼命思考那些真正重要的事情。随着时间的推移，它们会自然而然地变成自己的东西，成为自己的价值观和哲学。这是人生中最重要的事情。”

通过拼命思考，获得自己的价值观和哲学——听完梅原先生的话后，我很自然地想起了稻盛先生的话：“思考透彻，直到看见。”稻盛先生和梅原先生——伟大的经营者和伟大的哲学家，共有着同样的价值观。我记得自己当时因此深受感动。

“正因为是自主思考，才能把工作做好。”

我想将这句从稻盛先生那里学到的话铭刻于心，永不忘怀。

因为我认为，这就是拥有自己的判断基准和哲学的唯一方法。

奇迹般的语言

15句话带来人生转机

稻盛和夫

明日からすぐ役立つ
15の言葉

后记

最后，我想谈一下本书的诞生经过。

2018 年春季，在我即将从京瓷退休之时，有机会与三笠书房的董事清水笃史先生进行了一次对话。清水先生在大约 10 年前编辑了稻盛先生著名的作品《 干法 》，在《 干法 》出版之后，我们也一直有着密切的交往。

在那次谈话中，清水先生建议我执笔此书。他说："或许，**将稻盛名誉会长的人生观和工作观以年轻一代易于理解的方式传下去，将成为名誉会长的亲传弟子——大田先生您今后的重要使命。**"起初，我对此感到担忧，不确定"自己是否能够胜任这样的重大使命"。

于是，我首先仔细阅读了我在担任稻盛先生秘书期间记录的大约 50 册笔记。然而，这项工作并不容易。因为在 2019 年秋季，我接受了 MTG 株式会社松下刚社长的委托，开始担任会长。我每天都非常繁忙，导致书写手稿的进展缓慢。

对于我这样的情况，清水先生在长达 5 年的时间里，都给予我温暖的鼓励，并为书稿的写法提供了具体的建议。我想借此机会向他表示感谢。

在重建日航时，稻盛先生任命我为会长助理，因此媒体有时会称我为稻盛先生的“右膀”或“亲信中的亲信”。但正如本书内容所示，我始终都未能足够成熟，无法充分满足稻盛先生的期待。

正因如此，我希望能够尽可能地将我从稻盛先生那里学到的东西付诸实践。同时，我从内心祈愿，通过本书，读者们能够学到稻盛先生的教诲，并让各自的人生因此受益。

我曾向稻盛先生汇报了本书的进展情况。遗憾的是，本书的完成版还是没来得及交给他。但我坚信，他一定能理解我的想法。

稻盛先生，真的是万分感谢您。

合掌。

大田嘉仁

参考文献

『稲盛和夫のガキの自叙伝』

（稲盛和夫、日本経済新聞出版）

『働き方』

（稲盛和夫、三笠書房）

『京セラフィロソフィ』

（稲盛和夫、サンマーク出版）

『JALの奇跡』

（大田嘉仁、致知出版社）

考虑到个人隐私，本书对部门名称、职位名称和头衔做了部分变更。

图书在版编目（CIP）数据

哄自己开心才是头等大事 / 周小鹏著 . -- 北京 : 人民邮电出版社, 2025. -- ISBN 978-7-115-67339-8

Ⅰ . B84-49

中国国家版本馆 CIP 数据核字第 20259V9E53 号

◆ 著　　　　周小鹏
　责任编辑　马晓娜
　责任印制　马振武

◆ 人民邮电出版社出版发行　　北京市丰台区成寿寺路 11 号
　邮编 100164　　电子邮件 315@ptpress.com.cn
　网址 https://www.ptpress.com.cn
　北京盛通印刷股份有限公司印刷

◆ 开本：787×1092　1/32
　印张：7.25　　　　2025 年 6 月第 1 版
　字数：50 千字　　　2025 年 9 月北京第 3 次印刷

定价：59.80 元

读者服务热线：（010）81055671　印装质量热线：（010）81055316

反盗版热线：（010）81055315

哄自己开心才是头等大事

99个瞬间修好破碎的心

周小鹏 著

人民邮电出版社

北京